字词中的文化密码

周　健 ◎ 编著

商务印书馆

2016年·北京

图书在版编目(CIP)数据

字词中的文化密码/周健编著.—北京:商务印书馆,2016

ISBN 978-7-100-11808-8

Ⅰ.①字… Ⅱ.①周… Ⅲ.①汉语—词汇—对外汉语教学—教材 Ⅳ.①H195.4

中国版本图书馆 CIP 数据核字(2015)第 283590 号

所有权利保留。

未经许可,不得以任何方式使用。

字词中的文化密码

周 健 编著

商 务 印 书 馆 出 版
(北京王府井大街36号 邮政编码100710)
商 务 印 书 馆 发 行
北京中科印刷有限公司印刷
ISBN 978-7-100-11808-8

2016年3月第1版 开本 787×1092 1/32
2016年3月北京第1次印刷 印张 7¼
定价:48.00元

目 录

- 前 言 …………………………………… ii
- 人物表 …………………………………… iv

- 第1课 · 从"好"字谈起 …………………… 1
- 第2课 · 会意的方法 ……………………… 11
- 第3课 · 娶嫁婚 …………………………… 29
- 第4课 · 女旁字 …………………………… 41
- 第5课 · 拆字 ……………………………… 51
- 第6课 · 趣解汉字 ………………………… 67
- 第7课 · 变形的魔方 ……………………… 83
- 第8课 · 有趣的字谜 ……………………… 93
- 第9课 · 谈"吃" ………………………… 107
- 第10课 · 核心字构词法 …………………… 119
- 第11课 · 字序藏着文化 …………………… 129
- 第12课 · 颠倒重组 ………………………… 139
- 第13课 · 马路很难过 ……………………… 153
- 第14课 · 谐音中的文化 …………………… 165
- 第15课 · 悉尼还是雪梨 …………………… 179
- 趣味练习答案 ……………………………… 192
- 总词汇表 …………………………………… 213

前 言

《字词中的文化密码》是一本新型的语言文化阅读教材：除这本图文并茂的纸质教材之外，我们还委托广州华易动漫产业有限公司研制了生动有趣的动漫光盘。这本教材既可以用于课堂教学，也便于学习者课外自学，是中国国家汉办中山大学教材基地的首批项目之一，面向海内外汉语中级水平或掌握2000以上词汇的学习者。

本书用通俗易懂、简明生动的语言和青少年喜闻乐见的动漫图解带领学习者从熟悉的汉语字词中发掘出平时不易察觉感知的文化内涵。比如："好"字为什么由"女"加"子"构成？有些合体汉字为什么能拆开来解释？"吃醋"为什么表示嫉妒？双字词的字序里边隐藏着什么样的文化密码？中国年画为什么喜欢画喜鹊、蝙蝠和羊？中国铁路标志里藏着哪两个汉字？美国总统的名字为什么会在汉语里出现三种不同的叫法？……

本书一共有十五课，每课包含四个部分：课文、拓展阅读、生词注释和趣味练习。拓展阅读中，提供一些与课文讲解的知识点相关联的阅读材料，帮助学习者巩固所学的知识。生词注释提供拼音、词性、汉语注释和英语注释。由于本书面向汉语中级以上程度的读者，所以我们除了采用英语注释外，还增添了汉语注释，帮助学习者更好地理解。趣味练习的设计形式多样、生动活泼。配套的光盘里有课文与拓展阅读中部分内容的动漫演示，帮助学习者巩固所学知识的同时，增添学习的趣味。学习者会发现每课动漫对应的项目有些差异，这是由于我们在制作光盘时，并未刻意追求动漫内容与教材内容的一一对应，而是选取了我们认为最有价值的部分设计制作了配套动漫。使用本阅读教材时，可以先学习纸质教材的课文和拓展阅读，再看动漫光盘，最后做练习；也可以先看动漫，然后带着问题去阅读纸质教材、做练习；当然还可以交替进行，找到最适合自己的学习方式。

非常期待使用本书的汉语教师和同学们把你们的评价、感想、意见和建议反馈给我们。

周健

Zhou5081@126.com

2015年6月8日于暨南华苑

人物表

◆ 周老师

◆ 王大明
（男，印度尼西亚学生，汉语好）

◆ 安娜
（女，德国学生，比较严谨）

◆ 米歇尔
（女，法国学生，浪漫）

◆ 杰克
（男，美国学生，活跃、幽默）

◆ 山田
（男，日本学生，喜欢刨根问底）

从"好"字谈起

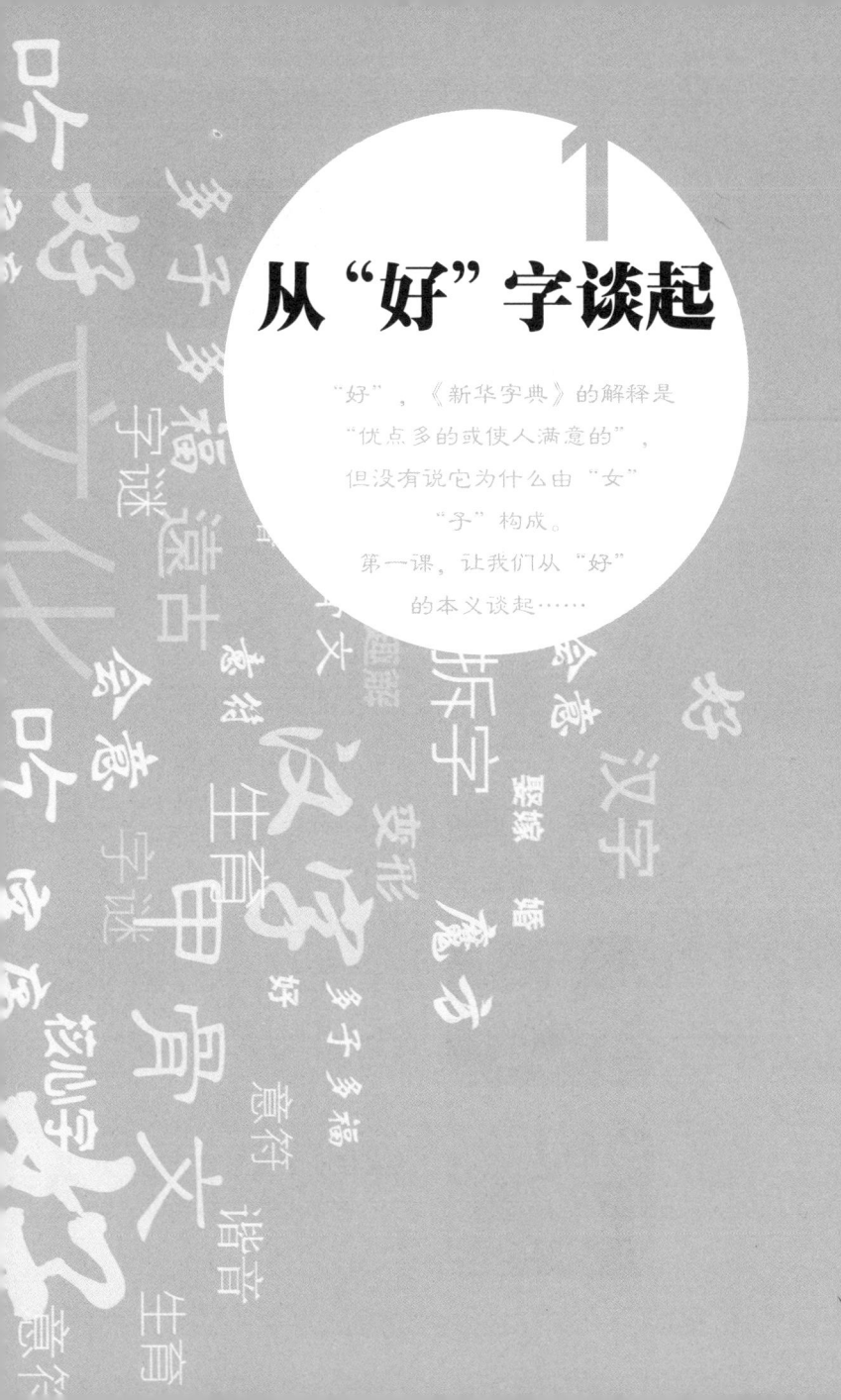

"好",《新华字典》的解释是"优点多的或使人满意的",但没有说它为什么由"女""子"构成。

第一课,让我们从"好"的本义谈起……

好

"好"为什么由"女""子"组成?

"女""子"就是年轻的女人。女孩子当然好。

我觉得"女"是指女人,"子"是指男人,男女结合才好。

我认为"女"是指女儿,"子"是指儿子。"女""子"就是指子女。

有子有女才好,只有女儿或只有儿子都不好。

现在很多中国家庭只有一个孩子,我看就不太好。

"女"和"子"会不会是妈妈和儿子呢？

妈妈和儿子应当是母子吧？

一个汉字有这么多种的解释，究竟哪一种才符合本义呢？

要知道"好"的本义，就要看看古人是怎么说的。

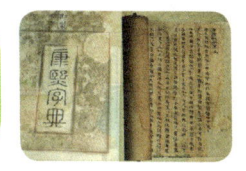

对，查查字典不就知道了？

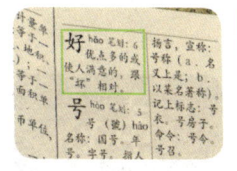

《新华字典》的解释是：优点多的或使人满意的，跟"坏"相对。没有说"好"为什么由"女""子"构成。

我们来看看最早的字典——《说文解字》是怎么说的。《说文解字》上面说：好，美也，从女、子。子者，男子之美称，会意。意思是说"好"就是美，"子"就是男子。

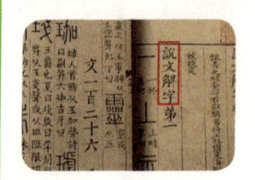

那我说对了，"好"就是男子和女子的结合。

《说文解字》是一千九百多年前的古人编写的。但汉字的历史至少有三四千年了，我们要知道汉字的本义，还要去看看甲骨文是怎么写的。

甲骨文的"好"字是怎么写的呢？

甲骨文的"好"，左边的"女"比较大，右边的"子"比较小。

甲骨文写的是母亲和儿子。

对，甲骨文的"好"是一个抱着婴儿的女人。

古人认为女人能生育孩子才是好，才是美。

这是因为远古的时候，人口少、野兽多，生存条件很差，人必须多多生育才能维持下去。

所以中国人喜欢说"多子多福"。

课文　好
拓展阅读　会意字
趣味练习　猜猜会意字

5

拓展阅读

会意字

像"好"这样，由两个意符组成的字叫作会意字。会意，就是联想两个意符的关系，从而领会字的意思。典型的会意字还有"休息"的"休"。"休"的本义是什么呢？

人躺在木头床上？ ✗

人在树下休息？ ✓

"休"的本义是"人在树下休息"。人为什么要到树下休息呢？因为大树下边没有太阳晒，凉快。这反映了中国古代农业社会的情况——人们在太阳下干活累了，就到树下去休息。

生词注释

1	从 cóng	动	这里表示"由……构成"	be made up of
2	者 zhě	助	在书面语中表示停顿	express a pause in the written language
3	美称 měichēng	名	美好的名称	laudatory title, good name
4	会意 huìyì	名	这里指会意字	associative compounds
5	甲骨文 jiǎgǔwén	名	古代刻在龟甲或兽骨上的文字	inscriptions on bones or tortoise shells of the Shang Dynasty
6	婴儿 yīng'ér	名	刚出生不久的小孩儿	baby, infant
7	远古 yuǎngǔ	名	很久很久以前的古代	ancient times
8	生存 shēngcún	动	保存生命，活下去	subsist, exist, live
9	生育 shēngyù	动	生孩子	give birth to, bear
10	维持 wéichí	动	使继续存在下去	keep, maintain, preserve

11	多子多福 duōzǐ-duōfú		有很多孩子的人就有很多幸福	The more sons, the more blessings.
12	意符 yìfú	名	合体字中表示意义的符号	ideograph, ideogram
13	典型 diǎnxíng	形	具有代表性的	typical, representative

趣味练习

1. 选词填空

现代、先生、反对、危险、坏、休息、难过、紧张

（1）"女士"跟_____相对。

（2）"古代"跟_____相对。

（3）"安全"跟_____相对。

（4）"干活"跟_____相对。

（5）"轻松"跟_____相对。

（6）"好"跟_____相对。

（7）"支持"跟_____相对。

（8）"高兴"跟_____相对。

2. 左右连线成字，并把组成的字写在右边

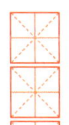

亻　　　玉
一　　　火
女　　　刂
宀　　　子
册　　　大
小　　　目
氵　　　呆
木　　　目

3. "美称"连线

春城　　　　　医生、护士
白马王子　　　大熊猫
白衣天使　　　昆明
金婚　　　　　异常聪明的儿童
中国国宝　　　纽约
神童　　　　　十几岁的女孩子
大苹果　　　　印度尼西亚
花季少女　　　年轻女子的理想情人
千岛之国　　　结婚五十周年

4. 猜猜会意字

看 看
相 相
泪 泪
灭 灭
安 安
从 从
森 森

上边是手,
下边是眼睛(目),
我们把手放在眼睛上方
表示往远处看。

左边是树木,
右边是眼睛,
表示用眼睛仔细看,
(看木材是否合用)。

2 会意的方法

三个口的"品",
三个日的"晶",
三个人的"众"等都是会意字,
"删""君""保""涉"也是会意字。
第二课,让我们结合古代写法,
讲讲会意的方法……

今天我们来讲会意的方法。大家都知道哪些会意字？

三个口的"品"字，三个日的"晶"字，三个人的"众"字等都是会意字。

有本书说"删""君""保""涉"都是会意字，我怎么看不出来呢？

这几个字的确都是会意字，要理解它们会意的方法，就需要看看这些字的古代写法。

"删"字原来怎么写呢？

"删"字的左边是"册"，"册"表示书，中国古代的书就是用竹片做的，用绳子穿起来做成竹简。

12

在"册"旁边放了一把刀,这是什么意思呢?是不是用刀切开绳子?

这里的刀,不是用来切开绳子,而是有别的用途。大家想想古人写错了字怎么办呢?

要用刀把错字刮去,再重新写一个字。

对,所以在"册"旁边放了一把刀,表示写错了字用刀刮去,就是"删"。

"君"为什么是会意字呢?

"君"由"尹""口"组成。上面是"尹",甲骨文的写法是"𠂇",表示手中拿着一支笔,在批阅文件。下边是"口",甲骨文的写法是"凵",表示发号施令。

这样的人就是国君、皇帝。

我们常说的"大明君""华成君",也有国君的意思吗?

"君子",又称某君,那是从"君"的本义引申出来的对人的尊称。

"保"字由"人""呆"组成,难道呆人还能保护别人吗?

要了解"保"的会意方法,我们还是要看看它的甲骨文写法。

"保"的甲骨文写法很形象,左边一个大人,右边怀抱着一个孩子。

看过甲骨文，就明白"保"是会意字了。但如果没看过甲骨文，就会以为"保"是一个形声字。

你们说说形声字和会意字有什么不一样？

形声字可以分为两个部分，一个是形旁，一个是声旁，比如说"城"。会意字也可以分为两个部分，但两个部分都是表义的形旁，比如说"采"。

非常好。形声字和会意字都是由两个部分组成，有时候很难判定。所以，对没有把握的字我们要多查工具书。

还有"涉"字，我也不明白"水"和"步"怎么会意？

15

要了解"涉",首先我们要了解"步"。我们看"步"的写法,下边是个"少"字吗?

不是"少"字,因为没有右边那一点。

对,"步"下面其实是一个"止"字。我们来看人的脚印,左脚和右脚。

根据脚印的形状,古人创造了一个表示它的象形字,有脚掌和脚趾。

后来这个字简化了,去掉了三个圆点,慢慢演变成"止"。

我明白了,双脚各迈一次表示一步,所以"步"就是上下两个"止"。这两个"止"一个朝左、一个朝右,表示左脚和右脚。

对,理解了"步",我们再看"涉"——在上下两个"止"中出现了水。

这是表示涉水而过的情景。

完全正确。后来三点水固定在左边,就成了"涉"。

我明白了,步加上三点水,表示在水里迈步,就是涉水。

课文1 册　　　　课文2 君
课文3 保　　　　课文4 涉
拓展阅读1 册　　拓展阅读2 尹
拓展阅读3 信　　拓展阅读4 有
拓展阅读5 笔　　拓展阅读6 采
拓展阅读7 囚

拓展阅读

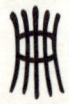

这是竹子,
古人把竹子锯断,

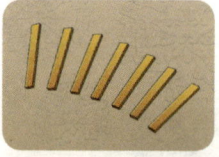

再削成同样大小、
一尺多长的竹片,
这些竹片就叫竹简。

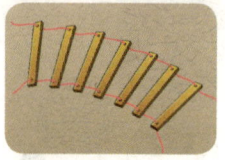

在竹简的两端打孔,
穿上细细的牛皮绳,

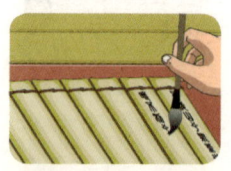

就成了册。

大家看,
"册"字像不像两片竹简中间穿了一根绳子?

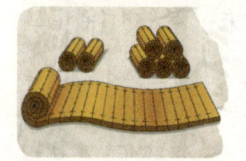

直到今天,我们还说"一册书""上册""下册",所以"册"就是书。

尹

如何表现官员的形象呢?

甲骨文用了一个最简洁的会意字——"尹"。

中间的一竖表示一支笔,

右边是一只手,

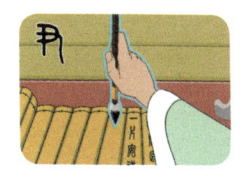

"用手握笔"表示写字、批阅文件的人。因为在古代只有极少数会写字的人才能做官,所以古人用写字来表现官员的特点。

信

我们来讨论一下，

"信"为什么由"人""言"组成？

我觉得，"人""言"就是 message，就是口信，

所以"信"就由"人""言"组成。

我觉得，"信"的意思是"相信、信用"，

一个人要说话算话，

君子一言，驷马难追。

所以"信"用"人""言"表示。

你们说的都有道理。

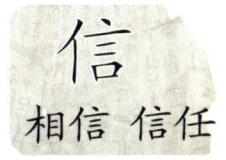

我想,"信"既然可以表示相信、信任,又由"人""言"组成,

是不是说,
如果信任一个人,就相信他的话;

也可以反过来说,
如果相信一个人的话,就信任这个人。

到底谁说的对呢?
咱们去问问周老师吧!

"信",左边是"人",右边是"言",本义是人要说话算话。

"有"的甲骨文，

上边是"又"，
表示手，

手下边是"月"，
表示一块肉。
"手里拿着肉"就表示有了。

看来古人非常重视有没有肉。

如果把表示肉的两点去掉，
那就是没有了，
在广东话里这个字念"mou"（冇），
就是"没有"的意思。

"笔",
是"筆"的简化字。
简化之后，仍然是会意字。
上边是"竹"，下边是"毛"。

中国的毛笔，
上边的笔杆，是细竹子做的；

下边的笔尖，是动物的软毛做的，像是一把小刷子。

所以中国毛笔的英文是"Chinese brush"。

"甲骨文"是一个象形字，
就是一把小刷子的形狀。

后来加了一只手，
成为"聿"，
表示手握笔写字的样子。

最后又增加了竹字头，
写作"筆"。

23

"采"的甲骨文,

上边是"爪",也就是手,
下边是"木",手在木上,

会意为采摘,

比如采茶,

采果子,

采中药。

"囚",
是一个非常形象的字,

外边是一个笼子,
里面关了一个人,

表示人失去了自由,

成了囚犯。

生词注释

1	绳子 shéngzi	名	用于捆绑的工具	rope, string, cord
2	穿 chuān	动	用线把东西连起来	string together

3	竹简 zhújiǎn	名	中国古代用来写文件、写书的竹片	bamboo slip (used for writing on in ancient times)
4	批阅 pīyuè	动	阅读并加批示、批注	read and comment on official papers
5	发号施令 fāhào-shīlìng		发布命令	issue orders, order people about
6	引申 yǐnshēn	动	由原义产生新义	extend the meaning of a word
7	尊称 zūnchēng	名	尊敬、有礼貌的称呼	respectful form of address
8	形象 xíngxiàng	形	描绘或表达生动、具体	vivid
9	形声字 xíngshēngzì	名	由两部分组成的汉字，一部分表示大概的意思（形旁），一部分表示读音（声旁）	pictophonetic characters, with one element indicating meaning and the other indicating sound
10	判定 pàndìng	动	分辨断定	judge, decide, determine
11	涉水 shèshuǐ	动	从水中走过	wade, ford

趣味练习

1. "尊称"连线

令尊◆　　　　◆称呼皇帝

令堂◆　　　　◆尊称别人的女儿

陛下◆　　　　◆称对方或别人的生日

阁下◆　　　　◆问老人的年龄

公子◆　　　　◆称呼对方的父亲

千金◆　　　　◆称呼对方的母亲

高寿◆　　　　◆称呼对方,多用于外交场合

华诞◆　　　　◆尊称别人的儿子

2. 会意词

汉语中不仅有会意字，还有大量用会意的方法构成的词。比如：

早饭

茶杯

其实，很多语言也采用会意的方法造词，比如英语。

basketball

classroom

（1）请你再举四个英语和四个汉语的例子。

（2）你的母语词汇有这样的情况吗？

3

娶嫁婚

"娶""嫁""婚"
都有声旁，分别是"取""家""昏"，
而且它们有共同的形旁——"女"。
它们既是形声字，又是会意字。
第三课，让我们讲讲这些
特殊的汉字……

"娶""嫁""婚"这三个字，是形声字还是会意字？

它们都是形声字。因为它们都有声旁，分别是"取""家""昏"。

对，它们有各自的声旁，还有共同的形旁——"女"，的确都是形声字。但它们很特殊，既是形声字，也是会意字。

为什么这么说呢？

我们先来看"娶"字。《诗经》中说："取妻如何？"这里没有用"娶"，而用了"取"。可见"娶"原本为"取"。"取"是什么意思呢？

"取"，左边是"耳"，表示耳朵，右边是"又"，表示手。用手取耳朵？

我知道，这反映了远古时代部落打猎或打仗的情景。

远古时代部落打猎，打到猎物后，会用手割下猎物的左耳。

为什么要割下左耳呢？

割下左耳，是为了带回去记功。

"取"表示取耳朵记功，这样的行为跟男人娶妻有什么关系？

男人娶妻用"取"，表明了古代抢婚的风俗。

抢婚的时候，女人就如同战利品一样被男人取走。

外国古代也有抢婚的风俗。

"嫁"的意思是不是说"女人需要一个家"?

或者说"女人有了一个家"?

还是说"女人离开了自己的家"?

你们的解释都很有意思。一般认为"嫁"是个形声字,表示女人结婚到丈夫家。"家"是声旁,但也表义。

"结婚"的"婚",为什么也是会意字呢?

古代"结婚"的"婚"写作"昏",《诗经》里有"宴尔新昏",还有《士昏礼》,也是用"昏"。

为什么用"黄昏"的"昏"表示结婚呢?

我觉得是因为晚上天色昏暗的时候,抢婚合适,不容易被发现。

《士昏礼》明确地说:"士娶妻之礼,以昏为期。"就是说男子娶妻,婚礼定在晚上。

对,后来婚礼一般都在晚上举行,拜天地之后,新郎和新娘就入洞房了。

现在中国人还是晚上举行婚礼吗?

现在各地的风俗多样化了,比如北京,婚礼一般在上午举行。

有时特意选择11点11分开始,表示"一生一世,一心一意"。

我听说天津人喜欢在下午结婚，而大多数广东人喜欢在晚上举行婚礼、婚宴。

"婚"由"女"和"昏"组成，我看这个字的意思是"女人发昏了才结婚"！

哈哈，这个解释很有趣！再问一个问题，"娶""嫁""婚"这三个字，在英文里只有一个词——marry，为什么汉语要分开呢？

因为中国古代男女不平等，男人主动，娶妻；女人被动，嫁人。

课文1 取　　课文2 娶
课文3 嫁　　课文4 婚
拓展阅读1 酒　　拓展阅读2 明
拓展阅读3 鸣　　拓展阅读4 初
拓展阅读5 射

34

拓展阅读

"酒",是一个会意字,

右边是一个盛酒的罐子,
左边三点水,表示流出的酒液。

"明","日"和"月"组成,
日月都有光,
日月同辉表示明亮。

甲骨文的写法是左边窗户,
右边明月,
表示明亮的月光透过窗户照进来。

"鸣",
左边是"口",
右边是"鸟",

表示鸟在鸣叫。

"初",
左边是一件衣服,
右边是一把刀,

表示裁剪布料做衣服。
裁衣是做衣服的开始,
所以"初"表示开始。

"射"，"身"和"寸"组成，

甲骨文的写法，
左边是弓箭，
右边是手，
表示拉弓射箭。

生词注释

1	诗经 Shījīng	名	中国第一部诗歌总集，记录了2500—3000年前的诗歌共311首	*The Book of Songs*, the first collection of poems in China, which records a total of 311 poems created over 2500-3000 years ago
2	部落 bùluò	名	由血缘相近的人组成的集体	tribe

3	打猎 dǎliè	动	在野外捕捉鸟兽	go hunting
4	猎物 lièwù	名	打猎得到的鸟兽，或打猎的目标	prey, quarry
5	记功 jìgōng	动	登记功绩，作为奖励	record a merit
6	抢婚 qiǎnghūn	名	古时抢夺女人跟自己结婚	marriage by capture
7	战利品 zhànlìpǐn	名	打仗后从敌人那里获得的东西	spoils of war, captured equipment, war trophies (or booty)
8	宴尔新昏 yàn'ěr-xīnhūn		刚结婚的快乐，"宴尔"指快乐的样子	joy of new marriage
9	士昏礼 Shì Hūnlǐ	名	中国古籍《仪礼》中的一章，介绍古代男子结婚的礼仪	the etiquette of marriage in ancient times
10	新郎 xīnláng	名	结婚时的男子	bridegroom
11	新娘 xīnniáng	名	结婚时的女子	bride

12	洞房 dòngfáng	名	新婚夫妇的房间	bridal chamber
13	婚宴 hūnyàn	名	结婚时举行的宴会	wedding banquet

趣味练习

1. 左右连线

订婚◆　　　　　　◆divorce

抢婚◆　　　　　　◆late marriage

离婚◆　　　　　　◆engagement

试婚◆　　　　　　◆trial marriage

晚婚◆　　　　　　◆early marriage

早婚◆　　　　　　◆marriage by capture

已婚◆　　　　　　◆marriage

未婚◆　　　　　　◆wedding

婚礼◆　　　　　　◆wedding banquet

婚宴◆　　　　　　◆unmarried

婚姻◆　　　　　　◆married

2. 分辨会意字和形声字

相、和、晴、
休、述、体、
铜、湖、酒、
泪、想、恢、
采、菜、建、
景、从、球、
但、明、期、
级、保、宝、
安、武、装、
信、故、众

会意字

形声字

提示：形声字一般都有表音的声旁

4 女旁字

古代社会男女不平等，
很多国家的语言中都有歧视女性的词语，
如英语的chairman、kingdom、mankind等；
日语的"家内"（丈夫对人介绍自己的妻子），
"主人"（妻子对人介绍自己的丈夫）等。
第四课，我们讲讲汉语中
这样的现象……

汉字中有一些女旁字，往往表现了对女性的歧视，请大家一起来说一说。

"女"字本身就含有歧视意味。甲骨文是一个双手交叉跪在地上的形象。

"妻"字由"女"字演变而来。跪在地上的女人长大了，有了头发，一只手伸过来抓住了她的头发，抢走她，她就成了那个人的妻子了。

"妻"表现了古代抢婚的情况。

女人生育了，就成了母亲，甲骨文的"母"字用胸部的两点，表示乳房，抓住了母亲哺乳的特征。

"奴隶"的"奴"，左边是个女人，右边伸过来一只手，抓住女人，这个女人就成了奴隶。

"安",上边宝盖表示家,女人呆在家里才安定、安宁。

对,女人离开家就不安了。

我认为女人要有自己的家才算安定。

我觉得男人有个女人在家里,才安定、安宁。

我看,要是家里有个女人,那才没有安宁呢!

"奸",很坏的意思,比如"汉奸""强奸"等等,好像都是女人干的。我查了字典,原来的写法是三个"女"(姦),难道三个女人在一起就是干坏事吗?

"奸"是最典型的歧视女性的字。

我在报上看到有人建议修改十六个歧视妇女的汉字，比如"嫉、妒、嫌、妄、妖、奴、娱、耍、婪、嫖"，等等。当然也有"奸"。

"奸"怎么改？

把"奸"的女字旁改为反犬旁，表示"犴"是一种兽行。

汉字有几千年的历史，含有丰富的文化，我们不能随意修改。再说"犴"字本来就有，念àn，是一种传说中的野兽。

犴
àn

"嫉妒"这两个字都是形声字，意思是对比自己强的人心怀怨恨，男女都有这种情绪，不明白古人造字为什么都有女字旁？

我想是因为古代一夫多妻，几个女人争一个男人，就容易产生嫉妒。

"妇"是个简化字，原来写作"婦"，"婦"的甲骨文是女人手拿扫帚做家务的形象。

"嫖"是指男人玩弄妓女，由"女"加"票"组成，是不是给了票子就可以玩女人？

你的解释很有意思。大家都说得非常好，汉字中的女旁字绝大多数都表现了女性地位的低下或对女性的歧视。

我觉得女旁字并不都是不好的意思，也有一些字义很好，比如"好"本身就是女旁字。

对，还有"妙"，也是女旁字。

还有"婳、娜、妩、媚",这几个字表示女子美丽动人的体态与表情。

很多好的意思的女旁字表现的是男性对女性的评价,比如"好",原本表示能生育的女人才是好,后来这个字的意思扩大了。当然也有不少女旁字没有歧视女性的意思,比如"妈、姑、姐、妹、姨、始、妮、娃、嫦、娇",等等。

课文1 妻　　课文2 奴
课文3 安　　课文4 奸
课文5 嫉妒　课文6 妇
课文7 婳娜妩媚
拓展阅读 会意字三字经

拓展阅读

会意字三字经

羊大美,马闯门;
鱼羊鲜,日月明;

二人从,三人众;
双木林,三木森;

门市闹，女子好；
小大尖，小土尘；

合手拿，人木休；
竹毛笔，人言信。

生词注释

1	歧视 qíshì	动	不平等地看待	discriminate against
2	奴隶 núlì	名	为别人干活没有人身自由的人	slave
3	汉奸 hànjiān	名	投靠侵略者、出卖国家民族利益的坏人	traitor (to China)
4	兽行 shòuxíng	名	反人性的野兽行为	brutality, bestial behaviour
5	嫉妒 jídù	动	对比自己强的人心怀怨恨	be jealous of, envy
6	怨恨 yuànhèn	名	强烈的不满或仇恨	ill will, grudge, hatred
7	情绪 qíngxù	名	表现出来的心态、情感	mood, spirit, morale
8	扫帚 sàozhou	名	扫地的工具	broom
9	嫖 piáo	动	男子玩弄妓女	go whoring

趣味练习

1. 分析下列女旁字中,哪些体现了古代男尊女卑、歧视妇女的现象?

妈、奴、如、妻、娶、奶、她、妾、姐、奸、妹、妖、妄、姨、婪、始、姑、妙、妒

有歧视含义的字:＿＿＿＿＿＿＿＿＿＿＿＿＿＿＿＿

2、汉字组词

(1)妒:＿＿＿＿＿＿＿＿＿＿＿＿＿＿＿＿＿＿

(2)娇:＿＿＿＿＿＿＿＿＿＿＿＿＿＿＿＿＿＿

(3)妨:＿＿＿＿＿＿＿＿＿＿＿＿＿＿＿＿＿＿

(4)妄:＿＿＿＿＿＿＿＿＿＿＿＿＿＿＿＿＿＿

(5)婪:＿＿＿＿＿＿＿＿＿＿＿＿＿＿＿＿＿＿

(6)姑:＿＿＿＿＿＿＿＿＿＿＿＿＿＿＿＿＿＿

(7)妖:＿＿＿＿＿＿＿＿＿＿＿＿＿＿＿＿＿＿

(8)妥:＿＿＿＿＿＿＿＿＿＿＿＿＿＿＿＿＿＿

5 拆字

拆字，也叫"测字""破字"，就是把一个汉字拆成几个部分，加以解释，预测吉凶。第五课，让我们来讲讲中国古代这一奇妙的算命方式……

拆字故事（一）

清朝乾隆皇帝喜欢穿上平民的服装，去了解社会情况。一次，他在苏州看见有个拆字先生在给人拆字，他就让跟随的仆人去试一试。仆人看了看身上的帛衣，就写了个"帛"字。

拆字先生说："'帛'，上面是'白'，下面是'巾'，白巾是办丧事用的。你家里恐怕有人要出事了。"正巧这位仆人的母亲最近得了重病，所以仆人一听，头上直冒冷汗。

乾隆心想，这个拆字先生还测得挺准，让我来考他一下。于是乾隆故意也写了一个"帛"字，让拆字先生去测。

拆字先生把乾隆从头到脚看了一番，连忙鞠躬行礼说："先生大富大贵呀！"

乾隆问他怎么知道，拆字先生指着"帛"字说："'帛'，上面是'白'，'皇帝'的'皇'上头也是'白'；下面是'巾'，'皇帝'的'帝'下头也是'巾'，所以'帛'是'皇头帝脚'，您有天子之命啊！"

乾隆一听，哈哈大笑，心里十分开心，就给了拆字先生很多银子。拆字先生拿到这么多银子，心花怒放。

晚上，拆字先生高兴地把这件事讲给老婆听。老婆听了疑惑地问他："为什么同一个字，你有两种说法呢？"

拆字先生告诉老婆："第一个人年纪大，面带愁容，我估计他家里可能要死人了；第二个人年纪轻，却气度不凡。第一个人穿得不错，却好像是年轻人的仆人，我想这个年轻人肯定是大人物，所以就说好听的话，让他高兴高兴。"看来，拆字先生虽然精通文字学知识，但主要还是靠察言观色。

拆字故事（二）

明朝末年，李自成的农民起义军攻打北京，明朝政权眼看就要灭亡了。

明朝皇帝朱由检找人拆字算命，又怕被人认出来，就化了妆。

拆字先生要朱由检说个字出来，朱由检不肯开口，只用脚在地上画了一横。拆字先生连忙跪下，口呼万岁。

朱由检问他怎么猜到自己是皇帝，拆字先生说："您在土地上画了'一'字，土上加一，不就是'王'字吗？"

朱由检又随口说了个"友"字，让拆字先生测算，拆字先生说："不好了，'反'字出头了。"

朱由检大惊失色，连忙说："你弄错了，我说的是'有'字。"

拆字先生说："更坏了，大明已去一半。"

朱由检越发慌乱，又改口说："不，不，是这个'酉'字。"

折字先生说："哎呀！'酉'居'尊'字之中，上无头下无足，至尊者有生命危险了。"

朱由检听了，非常害怕，第二天便在景山上吊自杀了。

拆字故事（三）

两位书生准备参加科举考试。在考试前，他们遇到了一位拆字先生，书生甲就写了一个"串"字，让拆字先生占卜自己的前程。

拆字先生想了一下，说："不但乡试胜利，会试也能告捷。"

书生甲大喜，忙问原因。折字先生说："'串'字两个'中'，表示两次考中。"

旁边的书生乙，故意想为难折字先生，就也写了个"串"字让折字先生测算。

折字先生说："你不但不能像他那样高中，而且还要生病。"

书生乙大惊。拆字先生解释说："他是无心随意写'串'，而你却是有意存心写'串'，这样，'串'字下面加上'心'字，就是'患'了。"

课文1 拆字故事（一） 课文2 拆字故事（二）
课文3 拆字故事（三） 拓展阅读1 对联
拓展阅读2 和谐

拓展阅读

对 联

依靠拆字来算命，当然不可信。但汉字的拆分组合，有时十分有趣，请看下面这幅对联：

白水泉边女子好，少女更妙；
山石岩下古木枯，此木为柴。

和 谐

中国政府提倡和谐社会。

禾 口　讠 皆

"和"字，拆开是"口""禾"，就是人人有饭吃；

"谐"字，拆开是"言""皆"，就是人人都讲话。

大家都有饭吃，生活好，加上言论自由，人人都能发表意见，那就是和谐社会。

生词注释

1	乾隆 Qiánlóng	名	清朝高宗皇帝的年号（公元1736—1795），代指高宗皇帝	the reign title of emperor Kao-tsung of Qing Dynasty (1736-1795), which can refer to the emperor himself
2	帛衣 bóyī	名	古代丝织品做的衣服	silk dress
3	丧事 sāngshì	名	人死后处理遗体等事	funeral arrangements
4	鞠躬 jūgōng	动	弯腰行礼	bow
5	天子 tiānzǐ	名	指皇帝，皇帝自称是天的儿子	emperor
6	疑惑 yíhuò	动	心里不明白，困惑	feel uncertain
7	气度不凡 qìdù-bùfán		表现出不同于一般人的精神面貌	in a laudable tolerant spirit
8	察言观色 cháyán-guānsè		观察言语、脸色来猜测对方的心意	try to read sb.'s thoughts from his words and facial expression

9	起义 qǐyì	动	为了反抗反动统治而发动武装革命	revolt, rise up
10	大惊失色 dàjīng-shīsè		非常吃惊,脸都变了颜色	turn pale due to great fear
11	酉 yǒu	名	地支的第十位	the tenth of the twelve Earthly Branches
12	至尊者 zhìzūnzhě	名	处于最高地位的人,皇帝	the supreme leader, emperor
13	上吊 shàngdiào	动	用绳子吊在高处套着脖子自杀	hang oneself
14	枯 kū	形	植物失去水分	withered
15	提倡 tíchàng	动	指出事物的优点并鼓励大家去做	advocate, encourage
16	和谐 héxié	形	配合得适当	harmonious

趣味练习

1. 左右连线猜字谜

牛过独木桥。◆　　　　　　◆思

你是我心上人。◆　　　　　◆语

日日相伴一条心。◆　　　　◆灾

五口人一齐说。◆　　　　　◆您

家中起火了。◆　　　　　　◆生

女生集合。◆　　　　　　　◆何

哥一半，你一半。◆　　　　◆重

千里相逢。◆　　　　　　　◆姓

2. 拆字小游戏

看了课文,同学们想不想也试做一下"拆字先生"?三人一组,每组一位同学当"拆字先生",另外两位同学当"顾客"。两位"顾客"各写一个字,让"拆字先生"说说这个字可以拆成什么字,看看同学们今天会有什么样的运气。

例:
  甲:请你随便写个字,我来给你测字。
  乙:"实"字。
  甲:"实",家的下面有个"头"。你家的头等大事——是不是想问找工作有没有希望?
  乙:你真神了,我正为此烦恼呢。

6 趣解汉字

汉字独特的形状和结构,
常常引发我们的联想,
也许不是造字时的本意,
但对我们掌握汉字、记忆汉字、
欣赏汉字很有帮助。
第六课,让我们一起来趣解汉字……

人

"人"字,看起来不像人,因为没有头,也没有双臂,只剩下两条腿。但"人"字表示一个直立的人。人由猿猴进化而来,人和猿猴最大的区别,就是直立行走,这样双手才能得到解放。所以"人"字抓住了人的本质。

甲骨文

家

"家"字，上边是宝盖，表示房子；下边是"豕"，"豕"就是猪，甲骨文写作"𧰨"。古时，中国人家里常养猪，开始养猪之后，人们有了固定的肉食来源，不必到处游猎，于是就有了安定的家。现在，中国人消费的猪肉，仍然高居世界第一。

左 右

"左"和"右",两个字有时容易混淆,有一个办法可以区分。"左"下边是个"工",写快了就成了"乙",正是拼音zuǒ的第一个字母;"右"下边是个"口",表示吃东西,我们一般都用右手拿东西吃。

疑

"疑"字的意思是不能确定是否真实，常说的词有"怀疑、疑惑、疑心、迟疑、犹疑、半信半疑"等等。"疑"可以分为四个部件：匕、矢、マ、疋。对于"疑"字，安子介先生有个有趣的解释：敌人来了，是用匕首（匕）、弓箭（矢）、长矛（マ）来对付，还是一走了之（疋，即足）？犹疑不能决定。

正

西方人记数，通常用符号"卌"来表示5，中国人有个现成的汉字"正"，排列起来比较好看。

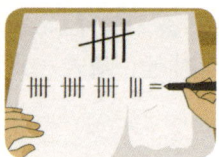

鲜

中国人做菜讲究鲜味，而最鲜美的食物就是鱼和羊了，把鱼肉和羊肉放在一起烧，味道十分鲜美。所以"鲜"字由"鱼"和"羊"组成。

厌

"厌"字,把那一点移到上边就是"庆"字,值得庆贺的事情偏差一点儿,就令人厌恶了。

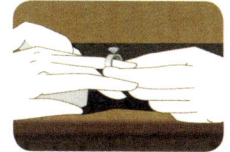

金文

课文1 人　　课文2 家　　课文3 左右
课文4 疑　　课文5 正　　课文6 鲜
课文7 厌

拓展阅读

汉字的幽默

寸对过说：老爷子，买躺椅了？

晶对品说：你家难道没装修？

叉对又说：什么时候整的容啊？脸上那颗痣呢？

办对为说：平衡才是硬道理！

占对点说：买小轿车了？

比对北说：夫妻一场，为什么要闹离婚呢？

我对峨说：挣钱比我多，还不是因为你有靠山！

个对人说：不比你们年轻人了，没根手杖寸步难行。

臣对巨说：和你一样的面积，我却有三室两厅。

日对曰说：该减肥了！

由对甲说：你什么时候学会倒立了？

丙对两说：你家什么时候多了一个人，结婚了？

也对她说：当老板了？出门还带上秘书。

尺对尽说：姐姐，结果出来了，你怀的是双胞胎。

巾对币说：儿啊，你戴上博士帽，也就身价百倍了。

丰对卅说：大白天的，咋还躺地上了？

兵对丘说：看看战争有多残酷，两条腿都炸飞了！

丑对妞说：好好和她过吧，咱这模样的找个女人不容易。

果对裸说：你穿上衣服还不如不穿呢。

汉字趣解

买 卖

"买卖"二字，有时也会弄混，记住"买帽子"这件事，就不会忘记"买"的写法了："头"上有顶帽子（⌒）。

"卖"比"买"多了个"十"，你有很多东西才能拿去卖。

恩

"恩"，无论施恩还是报恩，都"因"有颗真"心"。

爱

"爱"，出于"友"情，繁体写法是"愛"，爱本发自内"心"。有人戏言现代人的"爱"已经没有那颗真心了。

伞

"伞"是一个象形字，正如一把打开的雨伞。

哭

"哭"，下边的"大"是一个人的形状，上边是哭肿了的两只大眼睛，那一点表示流出的眼泪。

南

在中国，都说"南"方人有钱。这话不假，你看南方人，他们口袋里揣着人民币（￥）。

旦　　"旦"，这个字很形象，太阳刚升出地平线，表示日出、早晨、开始。

要　　中国人"要"什么？"西"方"女"人？

平　　"平"字好像一架天平，左右两点表示被称量的物体。

体　　身"体"是"人"的"本"钱，这话一点儿也不假。

赶　　不停地"走"，不停地"干"，就会"赶"上对手。

画　　"画"字中间的"田"是一幅图画，外边是画框，还没钉好。

嚥	"嚥"是"吞咽"的"咽"的异体字。右边是"燕",巧合的是英语的 swallow(吞嚥)也有"燕子"的意思。
品	一"口",一"口",再来一"口",味道怎么样?味道好极了。
功	成"功"="工"作+努"力"
悲	心里整天想入非非,结果必然可悲。
臭	就因为"自""大"一点儿,所以人人讨厌。
跌	"跌",一失足成千古恨,千万小心啊!

汉字小笑话

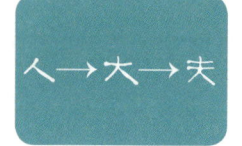

讲究卫生

人→大→夫

　　一家三口搬进了新居，妻子见丈夫和儿子不太讲究卫生，把屋子搞得乱七八糟，就在家里写了一条标语："讲究卫生，人人有责。"儿子放学回家，见了标语，拿起笔来，加了一笔，变成了"讲究卫生，大人有责"。晚上丈夫回家看见了，也拿出笔来，又加了一笔，变成了"讲究卫生，夫人有责"。

解字

吕→品→器

　　吕教授对汉字很有研究，一天上课，他兴致勃勃地给学生讲："汉字有很多象形字，比如'吕'字，在古代是接吻的意思，你们看，口对口，多形象！"一个学生站起来问："老师，那么'品'字是三个人在一起接吻吗？"吕教授正想发火，又有一个学生站起来说："我看'品'字还好解释，'器'字呢？四个人和一条狗在干什么呢？"全班同学顿时哈哈大笑起来。吕教授气得半天说不出话来。

"困"与"囚"

困 → 囚

从前有一家人，因为好吃懒做，家里越来越穷。有一天父亲在院子里乘凉，抬头看见院子中间那棵大槐树，似有所悟：四四方方一个大院子，中间一棵树，这不正是"困难"的"困"字吗？于是他连忙叫儿子拿斧头来砍树。儿子举起斧头刚要砍下，忽然想起什么，又放下斧头，对父亲说："砍了树，院子里只有人了。这不成了一个'囚'字吗？咱们宁愿贫穷也不能做囚犯啊！"父亲一听，觉得也有道理，只好放弃了砍树的念头。

生词注释

1	猿猴 yuánhóu	名	猿和猴	apes and monkeys
2	游猎 yóuliè	动	到处打猎，没有固定住处	rove around for hunting
3	匕首 bǐshǒu	名	短剑或狭长的短刀	dagger
4	双胞胎 shuāngbāotāi	名	同一胎有两个胎儿	twins

5	咋 zǎ	代	怎，怎么，为什么	what, how, why
6	施恩 shī'ēn	动	给别人很大帮助	bestow favour
7	报恩 bào'ēn	动	报答别人的帮助	repay sb. for his kindness, pay back
8	揣 chuāi	动	手或东西藏在穿着的衣服的口袋里	hide or carry in one's pocket
9	称量 chēngliáng	动	用秤来称重量，衡量，估计	weigh
10	画框 huàkuàng	名	展示、保存画的框架	frame
11	吞咽 tūnyàn	动	把食物等不咀嚼就咽下，吃下去	swallow, gulp down
12	想入非非 xiǎngrùfēifēi		形容完全脱离现实地胡思乱想	indulge in fantasy, have a maggot in one's head
13	跌 diē	动	摔倒	fall over

趣味练习

1. 形近字注音组词

（1）活（huó，生活）——话（huà，说话）

（2）风（　　　　）——凤（　　　　）

（3）名（　　　　）——各（　　　　）

（4）会（　　　　）——全（　　　　）

（5）斧（　　　　）——爷（　　　　）

（6）拨（　　　　）——拔（　　　　）

（7）未（　　　　）——末（　　　　）

（8）巳（　　　　）——己（　　　　）

（9）庄（　　　　）——压（　　　　）

（10）材（　　　　）——村（　　　　）

（11）辨（　　　　）——辩（　　　　）

（12）性（　　　　）——姓（　　　　）

（13）优（　　　　）——忧（　　　　）

（14）侯（　　　　）——候（　　　　）

（15）燥（　　　　）——躁（　　　　）

2. 猜猜下列汉字的意思，试试想出有趣的说明方法

大——

夭——

夫——

雨——

目——

还——

变形的魔方

汉字的结构独特,

形态万千,

被人们称为"汉字魔方"。

第七课,让我们来看看汉字变形后的

神奇魅力……

这是中国印，中国的印章一般用石头刻，字体多种多样，最主要有红色字体和白色字体两种刻法。

这个图标大家都很熟悉，它是北京奥运会的会标。上边这个舞动的人形就是"京"字，因为北京简称为"京"。

这是2010年上海世界博览会的会标，大家看，"世界"的"世"字，演变成了三个人手牵手的形状。

这是中国铁路的标志，是一个火车头的形象，仔细看里边藏着"工人"二字。

这是中国长春第一汽车制造厂的标志。中间是"1"，左右合起来是"汽车"的"汽"。

这是民间俗体汉字合文，它是"日进斗金"这四个字的合写，这四个字都是繁体字。合文是古代民间的创造。

这是"黄金万两"的合文，它们互相借用了部件："黄"下边的"八"变成了"金"头上的"人"；"金"的下边又变成了"萬"（万）的草字头；"萬"的下边直接变成了"两"。

这是"招财进宝"的合文，其中"招"的提手旁兼做"财"（财）右边的"才"，"财"与"寶"（宝）又共用"貝"（贝）。

课文1 中国印　　　　课文2 铁路与一汽
课文3 民间合文
拓展阅读1 神智体诗（一）
拓展阅读2 神智体诗（二）

拓展阅读

神智体诗（一）

圆日山高路口长，横云细雨到斜阳。
扁舟横渡无人过，风卷残花半日香。

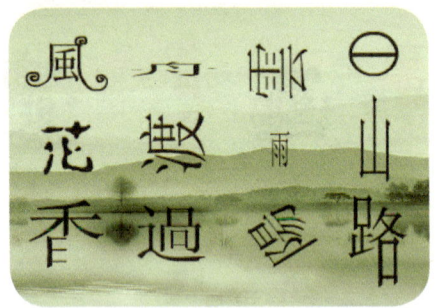

（从右上角开始往下读）

这是一首神智体诗。神智体，是苏东坡取的名字，表示用字形体现诗句的意思。

"圆日山高路口长"，用圆形的"日"和拉长的"山"来表示"圆日山高"，"路"的两个"口"都写得很长，表示"路口长"。

"横云细雨到斜阳"，"云"横过来写表示"横云"，小小的"雨"表示"细雨"，斜着写的"阳"表示"斜阳"。

"扁舟横渡无人过"，扁扁的"舟"表示"扁舟"，横写的"渡"表示"横渡"，繁体的"過"（过）原来有个"人"，现在不写，表示"无人过"。

"风卷残花半日香"，"风"两边卷起，表示"风卷"，"花"中有残缺，表示"残花"，"香"下边的"日"只写一半，表示"半日香"。

神智体诗（二）

夜半三更门半开，小姐等到月儿歪。
山高路远没口信，哭断肝肠无人来。

（从左上角开始往右读）

这也是一首神智体诗。

"夜半三更门半开"，用写了一半的"夜"和"门"表现"夜半"和"门半开"，三个"更"表示"三更"。

"小姐等到月儿歪"，用小小的"姐"表示"小姐"，用倒写的"等"表示"等到（倒）"，歪写的"月"表示"月儿歪"。

"山高路远没口信"，用"山"中间高高的一竖表示"山高"，分开的"路"表示"路远"，"信"下边不写"口"，表示"没口信"。

"哭断肝肠无人来"，"哭"上下分断表示"哭断"；"肝"右边写得很长，表示"肝肠（长）"；繁体的"来"（來）中间有两个"人"，现在没有了，表示"无人来"。

生词注释

1	世界博览会 shìjiè bólǎnhuì	名	简称"世博会",分为综合性的和专业性的	expo, world expo
2	日进斗金 rìjìndǒujīn		形容每天都有大量收入	(earn decalitre of gold one day) thriving business
3	招财进宝 zhāocái-jìnbǎo		招引财运而发家致富	bring in wealth and treasure (felicitous wish of making money)
4	神智体 shénzhìtǐ	名	一种利用汉字字形特点的诗体形式	intelligence style of poem
5	扁舟 piānzhōu	名	小船	(formal) small boat

趣味练习

1. 民间合文辨读

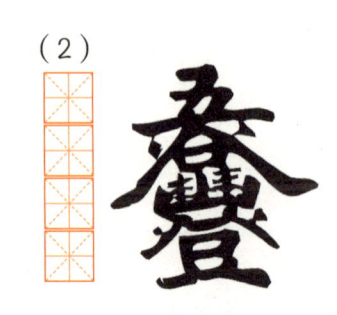

（1） （2）

(3) 囍

(4) 意嬉祥

(5) 鹽

(6) 唯吾知足

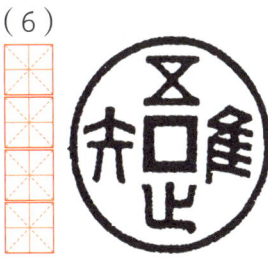

(7) 雙壽

(8) 一帆風順

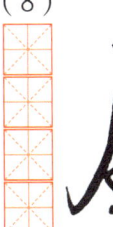

2. 试试填写下面这首神智体诗

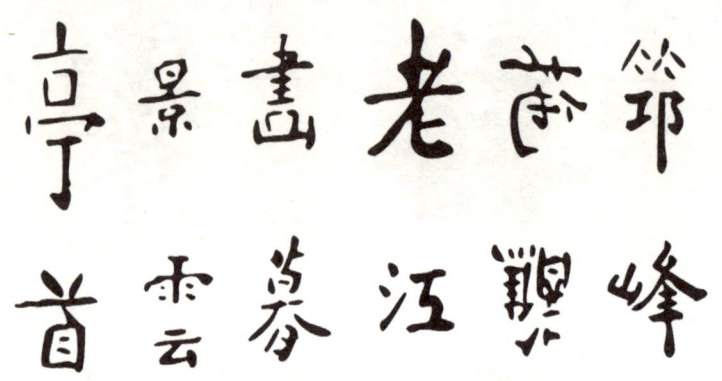

亭 景 画 老 苔 筇
首 云 暮 江 兴 峰

（从左上角开始往右读）

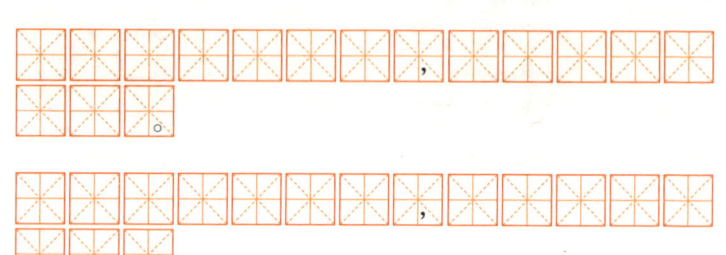

8 有趣的字谜

字谜是谜底为汉字的一种谜语。
过元宵节和中秋节的时候,
中国各地常常举办猜字谜的活动。
第八课,让我们一起来
猜一猜字谜……

今天我要带大家来猜几个有意思的字谜。先说一个简单的,看谁反应快。"一人站在大门边",是个什么字?

我知道,是"我们"的"们"字。

正确。再听这个,"你有,他们也有,我没有",谁知道?

是不是"人"字?

为什么是"人",你解释一下。

"你"和"他们"中都有的是单人旁,所以谜底就是"人"。

非常好。再听,"开大门,进太阳",谁能猜出来?

我猜出来了,是"间"字,"时间"的"间"。

对,再听这个,"要一半,扔一半"。大家想想,用"要"的一半跟"扔"的一半能组成什么字?

我知道了,是"奶奶"的"奶"字。

那"说对一半"呢?

是不是"讨"字?

完全正确。"人在草木中",是个什么字?

是不是"茶"字?上边有草字头,下边是"木",中间是个"人"。

"运动会上都有它",它是什么?

是不是"云"字,"运动会"三个字里都有"云"。

你们真厉害。再听这个,"上边三画小,下边三画大"。

上边"小",下边"大",是"尖"字。

好。再说一个,"朝前走"。王大明,你知道吗?

不知道。答案是什么?

谜底是"月"字。

为什么呢?

朝前走,就是说"朝"的前半部分走了,只剩下后边的"月"了。再听一个类似的,"团中央"。

这回我知道了,就是"才"。

字谜真有意思。我也知道几个字谜。"还不走,车来了",是什么字?

让我想想,还不走,"还"字里的"不"字走了;车来了,换成"车"字,我猜出来了,是"连"字。

这孩子真聪明!

建议大家课后都去搜集字谜,以后我们来开一个猜谜晚会。

课文 连 拓展阅读1 字谜(一)
拓展阅读2 字谜(二) 拓展阅读3 字谜(三)
拓展阅读4 字谜(四) 拓展阅读5 字谜(五)

拓展阅读

字谜（一）

宋代的王安石出了一个谜语给他的朋友王吉甫猜，"画时圆，写时方；冬时短，夏时长"。

谜底是"日"字。因为日头（太阳）画出来是圆的，写出来的"日"字是方形的。冬天日照时间短，而夏天日照时间长。

王吉甫一下子就猜出来了，但他没有马上说出谜底，而是做了一条谜语给王安石："东海有鱼，无头又无尾，再除脊梁骨，就是这个谜。"王安石一听就笑了，原来"鱼"字去掉头尾是个"田"字，再除掉中间的一竖，也是一个"日"字。

98

字谜（二）

"上不在上，下不在下，不可在上，且宜在下"，是什么字？

上 下

不可 且宜

是"一"字。"上不在上"，就是说"上"不取上边；"下不在下"，就是说"下"不取下边；"不可在上"，就是说"不""可"都取上边；"且宜在下"，就是说"且""宜"都取下边。这些部位都是"一"，所以谜底为"一"。

字谜（三）

"一边绿，一边红；一边喜雨，一边喜风；喜风的怕雨，喜雨的怕虫"，是什么字？

是"秋"字。"秋"左边是"禾苗"的"禾"，右边是"火"。禾苗是绿色的，火是红色的。禾苗喜欢水分，火喜欢风吹。但是火怕下雨，禾苗怕虫子吃。

字谜（四）

"一月共一月，两月共半边；上有可耕之田，下有长流之川；一家有六口，两口不团圆"，是什么字？

是"用"字。此谜六句，分成三段：第一段把"用"中间剖成两个"月"，第二段把"用"上下劈成"田"和"川"，第三段把"用"分成六个"口"，底下两个"口"因缺两笔而"不团圆"。

字谜（五）

"一人在内"，是什么字？

是"肉"字。

生词注释

1	谜底 mídǐ	名	谜语的答案	answer to a riddle
2	厉害 lìhai	形	剧烈，猛烈，擅长	aggressive, sharp, smart
3	搜集 sōují	动	搜寻聚集	collect, gather
4	王安石 Wáng Ānshí	名	1021—1086，宋代的政治家和文学家	1021-1086, a famous statesman and poet of Song dynasty

5	王吉甫 Wáng Jífǔ	名	王安石的朋友	Wang Anshi's friend
6	脊梁骨 jǐlianggǔ	名	人后背中央的骨头	backbone, spine
7	竖 shù	名	从上向下的汉字笔画，形状是"｜"	vertical stroke (in Chinese character)

趣味练习

1. 左右连线猜字谜

小小矮人。◆　　　　◆入

合二而一。◆　　　　◆移

镜中人。◆　　　　◆射

木字多一撇，不做禾字猜。◆　　　　◆卡

不上不下。◆　　　　◆面

上头去下头，下头去上头。◆　　　　◆一

头在海里游泳，尾在天上发光。◆　　　　◆至

人有它大，天没有它大。◆　　　　◆男

上边留一半，下边加一半。◆　　　　◆鲁

2. 猜字谜

(1) 岸上。_____

(2) 粗细各一半。_____

(3) 国内。_____

(4) 剪刀丢了。_____

(5) 一半满,一半空。_____

(6) 少两点还是字。_____

(7) 又在左边,又在右边。_____

(8) 有土成地,有女是她。_____

(9) 猜错一半。_____

3. 佳谜欣赏

(1) 国内有点儿变化。

谜底是"玉"字。"国内"猜着"玉",当点上的意思要去掉国字外面,"有点儿变化",猜着"王",变点化,以王为核心换上点,成为"玉"字。

(2) 半价出售。

猜谜语：“价”字的"亻"、"西"、"具"的各一半，合成一个"售"字。

(3) 喜上眉梢。

猜谜语："喜"字的上半部是"士"，"眉"字的上半部分是"眉梢"，就是"眉"的上半部分，合起来就是一个"喜"字。

(4) 心有余而力不足。

猜谜语："您"字："心"多了一点，"力"少了上半截，所以说心有余，力不足。

105

(5)明月当空人尽仰。

趣味为"昌","明日亮空"中的"明"字,因"明日亮空"也诉上"日"字:"人仰"中的"仰"字,因"人仰"中的"人"字也诉上"人"字:"尽"字,因"人仰"中的"人"字也诉上"人"字,即是"昌",即重叠的字字,"明"与"日","又拆中诉的意思,是"昌"字,若这里用性语问,亲切漂亮,无不"尽"。

106

谈"吃"

《汉书》说:"王者以民为天,
而民以食为天。"
中国人的饮食文化历史悠久、博大精深,
所以汉语中"吃"这个词几乎无所不在。
第九课,让我们来看看除了
用"口"吃外,还能怎么"吃"
……

吃了吗?

"吃了吗？"是中国人传统的打招呼的方式。现在一般都用"你好"了。"你好"，什么时间、什么地点都能说，但"吃了吗？"，通常在吃饭前后才说。初次见面或正式的场合，一般不会这样问。

中国人喜欢问人"吃了吗？"，大概是因为中国人过去生活艰难，不容易吃饱饭，所以特别重视吃。人们用"吃了吗？"打招呼，并没有请你吃饭的意思。

吃 茶

中国人常说"喝茶""喝酒",但是也能说"吃茶""吃酒",还可以说"吃水不忘挖井人"。其实只要入口的都可以用"吃",甚至吸烟也可以说"吃烟"。

吃饭   南方人甚至说   吃茶
吃菜   吃酒
吃奶   吃烟
吃药

吃 醋

用"吃醋"表示嫉妒的由来，历史上有这样一个传说。房玄龄是唐朝的开国宰相，功劳很大。唐太宗李世民要赐给房玄龄一名美女，做小老婆，房玄龄不敢接受。李世民料到是因为房玄龄的夫人比较厉害，所以房玄龄才不敢答应。于是李世民派人拿了一壶"毒酒"给房玄龄的夫人，并告诉她，如果不接受房玄龄纳妾，就赐饮毒酒。没想到房夫人面无惧色，接过"毒酒"一饮而尽。房夫人并没有丧命，原来壶中装的是醋，李世民以此来考验她，开了一个玩笑。于是"吃醋"的故事就流传开来。现在人们常用"吃醋"来表示嫉妒。

有趣的"吃"（一）

吃闲饭	不工作
吃白饭/白吃饭	吃饭不花钱或者只吃饭不干事
吃干饭	没本事
吃鸭蛋	考试或比赛得了零分
吃枪子儿	被枪打死
吃掉敌人	消灭了敌人
吃回扣	接受佣金
吃租	靠收租金生活
吃请	接受邀请去吃饭
吃闭门羹	遭人拒绝
吃大锅饭	不论工作好坏、成就大小全拿一样报酬
吃里爬外	受着一方的好处，暗地里却为对立的一方办事

吃 惊

"吓了一跳"是"吃惊",但"吃惊"跟"吃"这个动作没有关系,而表示的是被动关系,就是"受了一惊"。所以,"吃"后边的词不一定都表示动作的对象。其他例子还有"吃苦""吃不消""吃一堑,长一智",等等。

"吃一堑,长一智","堑"的意思是"壕沟",比喻困难、挫折,这句话的意思是"受一次挫折,长一分见识"。

有趣的"吃"（二）

吃苦	受苦受累
吃不消	支持不住
吃罪	承受罪责
吃香	大受欢迎
吃力	费劲
吃亏	受了损失
吃官司	被人告到法院
吃不准	领会不了意图
吃透精神	充分把握讲话或文件的意思
小吃	非正餐的食品
口吃	说话结巴
吃豆腐	调戏妇女
吃野食	偷情
吃哑巴亏	吃了亏不好声张
大小通吃	各项奖金一人全得

课文1 吃了吗？　　课文2 吃茶
课文3 吃醋　　　　课文4 吃惊

拓展阅读

吃大碗

"吃大碗",是"用大碗吃"的意思,简明生动,表示工具、方式或处所的宾语常这样与"吃"组合,其他例子还有"吃馆子、吃食堂、吃利息、吃火锅、吃父母",等等。

在常用的词语中还有许许多多花样百出的"吃":在政府或军队任职叫"吃皇粮";当老师叫"吃粉笔灰";说唱演员叫"吃开口饭";长期养病不上班叫"吃劳保";依赖过去的成绩叫"吃老本";男人依靠女人生活叫"吃软饭"。

还有"吃人、吃斋、吃素、吃紧、吃进、吃劲、吃粮、吃水、吃重、吃相、吃货、吃独食、吃大户、吃得开、吃得住、吃黄牌、吃公款、吃派饭、吃后悔药、吃现成饭、吃软不吃硬、不吃这一套……"总之,让你"吃不了,兜着走"!

生词注释

1	吃闲饭 chī xiánfàn		指光吃不干的清闲生活	lead an idle life
2	吃枪子儿 chī qiāngzǐr		被枪打死	kill by shooting
3	吃回扣 chī huíkòu		经手采购或代卖主招揽顾客的人向卖主索取的佣钱，这种钱实际上是从买主支付的价款中扣出的，所以叫回扣	get commission (illegally)
4	佣金 yòngjīn	名	交易时付给中间人或特定办事人的报酬	commission, brokerage, middle man's fee
5	吃闭门羹 chī bìméngēng		拒绝客人进门叫让客人吃闭门羹	be denied admittance
6	报酬 bàochou	名	由于使用别人的劳动、物件等而付给别人的钱或实物	reward, pay
7	吃里爬外 chīlǐ-páwài		接受一方的好处，却为另一方办事	live on sb. while helping others secretly
8	吃一堑，长一智 chī yī qiàn, zhǎng yī zhì		吃一次亏，增加一分智慧	a fall into the pit, a gain in your wit
9	吃官司 chī guānsi		被人控告	get into trouble with the law

10	正餐 zhèngcān	名	指晚餐和午餐	a regular meal served in a restaurant, dinner
11	结巴 jiēba	动	口吃,说话不连贯	stammer
12	调戏 tiáoxì	动	用轻佻的言语举动戏弄妇女	take liberties with (a woman)
13	吃皇粮 chī huángliáng		依靠待遇稳定的政府工作生活	live on the regular pay (by the government)
14	吃劳保 chī láobǎo		依靠工作保险生活	live on the labour insurance and welfare
15	吃老本 chī lǎoběn		依靠最初的本钱生活	live off one's past gains
16	吃斋 chīzhāi	动	吃素食	have vegetarian diet
17	吃水 chīshuǐ	动	喝水	drink water
18	吃货 chīhuò	名	只会吃不会工作的人	people who only eat but never work
19	吃独食 chī dúshí		一个人得到全部好处,不分给别人	be selfish, not share benefits with others
20	吃黄牌 chī huángpái		被警告	be booked for a yellow card warning (in football and other games)

21	吃派饭 chī pàifàn		指国家机关工作人员下农村工作，基层干部分派各户农民轮流照管其饮食	meals in peasant homes arranged for cadres
22	吃后悔药 chī hòuhuǐyào		事后懊悔，"后悔药"指能治疗后悔的药（不存在的药）	regret
23	兜 dōu	动	包起来，打包	carry (sth. wrapped up)

趣味练习

1. 填填带"吃"字的词语

（1）依靠别人，自己不工作——吃现成饭

（2）吃饭不花钱或只吃饭不干事——

（3）被人占了便宜，自己受了损失——

（4）靠出租房屋生活——

（5）不论工作好坏、成就大小报酬一样——

（6）被人告到法院——

（7）大受欢迎——

（8）吃了亏不好声张——

（9）调戏妇女——

（10）受着一方的好处，却为另一方办事——

2. 查查工具书，解释下列词语

（1）吃苦——　　　　（2）吃力——

（3）吃请——　　　　（4）吃醋——

（5）吃透——　　　　（6）口吃——

（7）小吃——　　　　（8）吃不消——

（9）吃软饭——　　　（10）吃大户——

3. 归纳下列词语的义项，填入方框

吃老本、吃奶、吃亏、吃茶、吃空额、吃官司、吃药、吃批评、吃房租、吃水果、吃素、吃枪子儿、吃斋、吃劳保、吃香、吃利息、吃哑巴亏、吃大锅饭、吃西餐、吃粉笔灰、吃苦、吃皇粮、吃惊

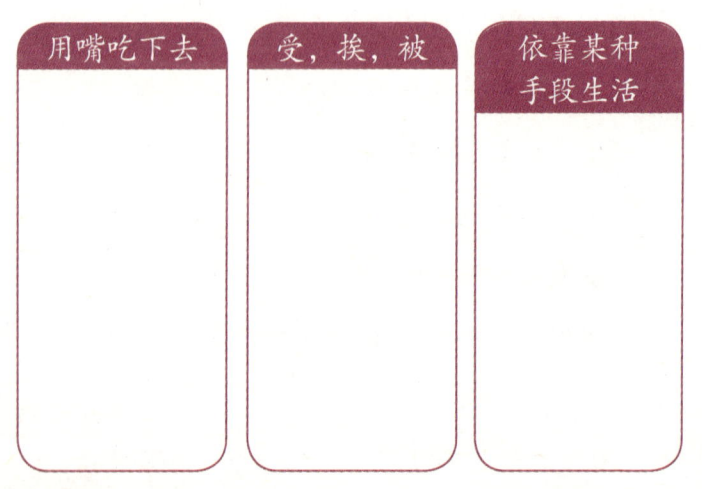

用嘴吃下去	受，挨，被	依靠某种手段生活

10 核心字构词法

核心字构词是汉语的一大特点。

核心字有时在前,有时在后。

第十课,让我们从"前后字"谈起……

— 猪肉、牛肉、羊肉、鸡肉,这几个词英语怎么说?

— 分别是pork, beef, mutton, chicken。

— 大家想想汉语和英语的构词方法有什么差别?

— 汉语词都有一个"肉"字,英语没有共同点。

— 对。还有什么动物可以加上"肉"字?

— 狗肉、蛇肉、马肉、驴肉、鸵鸟肉、鳄鱼肉。

— 很好。其实所有动物都能加"肉"字,完全可以大胆地说,比如"猫肉、老鼠肉、恐龙肉、熊猫肉、大象肉",甚至不存在的"龙肉、凤凰肉"都可以说。

我们再来看一个例子,你们说说都知道什么树?

松树、樱花树、柳树、枫树、杨树。

还有很多,比如"榆树、柏树、槐树、桑树、李树、桃树、橡树、苹果树、梨树、荔枝树、龙眼树"。树由哪些部分组成?

树干、树根、树枝、树叶、树皮。

很好。我们得到了两组词,第一组"树"字在后边,表示事物的本质,"树"前边的是区别性修饰语。第二组"树"字在前边,前后字表现的是整体和部分的关系。这个例子说明了汉语的核心字构词的特点。

王大明，请你用"鱼"字来组两组词，"鱼"分别在后边和前边，每组要说四个以上，可以吗？

我试试看。鲤鱼、黄鱼、金鱼、三文鱼、桂花鱼；鱼头、鱼刺、鱼眼、鱼鳞、鱼尾。

很好。山田，你用"笔"字来说两组词。

钢笔、铅笔、圆珠笔、毛笔、粉笔；笔尖、笔杆、笔帽、笔芯。

非常好。杰克，你用"车"字来说两组词。试试看。

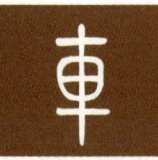

好。汽车、火车、马车、自行车、摩托车、卡车、救护车、救火车；车门、车窗、车灯、车轮、车身。

— 太好了。安娜,你用"门"字说两组词。

— 木门、铁门、大门、小门、防盗门、安全门;门框、门板、门锁、门把手、门边。

— 米歇尔,给你的核心字是"桌"字。

— 书桌、餐桌、方桌、圆桌、办公桌;桌面、桌腿、桌板、桌布、桌边。

— 大家都说得非常好!

拓展阅读

"猪肉、牛肉、羊肉、鸡肉"的英语分别是pork，beef，mutton，chicken。汉语词都有一个"肉"字，英语没有共同点。

如果我们再换别的核心字，同样能组出很多词。除了大量的名词，还有动词、形容词等等。这些词对应的英语词，几乎完全没有共同的形式。从同一核心字组成的词群中不难发现，汉民族善于概念的归类，这是汉民族认识世界的一种思维方式。我们如果学会了这种举一反三的思维方式，网络式地记忆词汇，就能大大提高学习汉语的效率。

生词注释

1	驴 lú	名	像马，但比马小，耳朵长	donkey, ass
2	鸵鸟 tuóniǎo	名	最大的鸟，头小、颈长、嘴扁、腿长，不会飞，多见于非洲	ostrich
3	鳄鱼 èyú	名	爬行动物，四肢短，尾巴长，性凶猛，善游泳，长3—6米	crocodile, alligator
4	恐龙 kǒnglóng	名	古代爬行动物，已灭绝	dinosaur

5	凤凰 fènghuáng	名	古代传说中的百鸟之王，羽毛美丽	phoenix
6	樱花 yīnghuā	名	落叶乔木，叶子为椭圆形，花为白色或粉红色	sakura, oriental cherry
7	柳树 liǔshù	名	落叶乔木或灌木，枝条长而柔韧	willow, osier
8	枫树 fēngshù	名	落叶乔木，树叶秋天变成红色	maple
9	榆树 yúshù	名	落叶乔木	elm
10	柏树 bǎishù	名	常绿乔木，叶子为片状	cypress
11	槐树 huáishù	名	落叶乔木	Chinese scholartree, locust tree
12	桑树 sāngshù	名	落叶乔木	mulberry
13	橡树 xiàngshù	名	栎树的通称	oak
14	鲤鱼 lǐyú	名	中国重要的淡水鱼	carp

15	三文鱼 sānwényú	名	也叫鲑鱼、大马哈鱼，多生活在海洋中，也有生活在淡水中的	salmon
16	鱼刺 yúcì	名	鱼身体里的尖锐骨头	fishbone
17	鱼鳞 yúlín	名	鱼身体表面的薄片，有保护作用	fish scale
18	防盗门 fángdàomén	名	为防止小偷进入而用钢铁等坚固材料做的门	anti-theft door
19	概念 gàiniàn	名	思维的基本形式之一，人类在认识过程中，把感觉到的事物的共同点抽出来，加以概括，形成对事物本质属性的认识	concept, notion, idea
20	思维 sīwéi	动	进行思维活动，思维是人类大脑的精神活动，包括思考、分析、想象、推理等	think

趣味练习

1. 核心字组词（前、后字各五个）

(1) 鞋：_____

_____

(2) 刀：_____

_____

(3) 皮：_____

_____

(4) 国：_____

_____

(5) 心：_____

_____

2. 组词填空

	公 -male	母 -female	小 -young	肉 -meat
牛 ox,cattle	公牛 bull	母牛 cow	小牛 calf	牛肉 beef
猪 pig,swine				
羊 sheep				
鸡 chicken				

3. 汉字接龙

明天 —— 天气 —— 气候 —— （ ） —— 车站 ——

（ ） —— 立正 —— （ ） —— 好汉 —— 汉语 ——

（ ） —— 法律 —— （ ） —— 师生 —— （ ） ——

命运 —— （ ） —— 动作 —— （ ） —— 家人 ——

（ ） —— （ ） —— 语言 —— （ ） —— （ ） ——

（ ）

11 字序藏着文化

词汇里蕴含丰富的知识和文化,比如词汇的字序就受到意义、语音等的影响。第十一课,让我们找找汉语字序中隐藏的文化……

杰克，能介绍一下你的家人吗？

我家有妈妈、爸爸、姐姐、我和皮特。

皮特是你弟弟吗？

不是，它是一条狗。

你说话很有意思，中国人不会把动物算作是家庭成员。还有，中国人一般会先说爸爸，再说妈妈。

我们的习惯是觉得谁最重要，就先说谁。

你想想，"父母"这个词和parents有什么不同呢？

"父母"中父在前、母在后,有固定的顺序;parents没有这方面的含义。

对。"父母"的顺序是很严格的,绝不能说成"母父"。

先父后母,是不是因为男人比女人地位高?

非常正确,这叫"男尊女卑"。

其实英语也是重男轻女的,比如man, mankind, manhood, manly等都是褒义的,而以woman开头的词大多是贬义的。

但总的来说,英语词的重男轻女没有汉语那么明显。

我想"姐妹"这个词跟sister也不一样。我说"She is my sister.",别人并不知道"she"是我的姐姐还是妹妹,可见在西方文化中,姐和妹的区分不那么重要。

你是个爱动脑筋的人,说得很好。中国文化除了重视男女之别,还特别重视上下尊卑的分别。比如"父子、母女、姐弟、兄妹、祖孙、师生、师徒、老少、长幼、君臣、官民",等等。大家想想,这些词里的两个字能倒过来说吗?

肯定不行,如果说"子父""生师",恐怕谁都听不懂了。

真有意思!以前从来没有想过前后字的顺序还有这么多含义。但"弟兄""雌雄"为什么和前面说的规律不一样呢?

"弟兄"多用在方言，更常用的还是"兄弟"。"雌雄"大概只能算一个例外了。

前后字的顺序，除了语义的因素，还有别的因素吗？

还有语音方面的影响，比如"阴阳"，从声调来说就是第一声字"阴"放在第二声字"阳"的前边；"冷热"，第三声字"冷"放在第四声字"热"的前边。当然最重要的还是语义顺序。

词汇里的知识和文化真丰富啊！

是，学得越多，就会觉得越有意思。

课文 家庭成员
拓展阅读1 男女　　拓展阅读2 尊卑

拓展阅读

男 女

汉文化中体现男尊女卑的词特别多，比如"夫妻、男女、夫妇、兄姐、乾坤、公母、夫唱妇随、男男女女、男左女右、夫贵妻荣、男婚女嫁"，等等。这一系列的词的字序都是表示男性的放在前边，表示女性的放在后边。

尊 卑

汉文化中体现先尊后卑、先大后小、先积极后消极等顺序的词也特别多，比如"天地、日月、龙凤、国家、省市、文武、大小、高低、深浅、左右、优劣、好坏、强弱、贵贱、难易、主次、成败、得失"，等等。

生词注释

1	顺序 shùnxù	名	先后次序	sequence
2	男尊女卑 nánzūn-nǚbēi		认为男性比女性尊贵	think that women are inferior to men or men are superior to women
3	褒义 bāoyì	名	好的意思	commendatory
4	贬义 biǎnyì	名	不好的意思	derogatory
5	祖孙 zǔsūn	名	爷爷和孙子，祖辈和孙辈	grandparent and grandchild
6	长幼 zhǎngyòu	名	年纪大的（年老的）和年纪小的（年轻的）	the elder (senior) and the younger (junior)
7	君臣 jūnchén	名	国王和臣子	the monarch and his subjects
8	雌雄 cíxióng	名	一般指动物的雌性和雄性	male and female
9	规律 guīlǜ	名	事物间内在的本质联系	law, regular pattern
10	方言 fāngyán	名	只在一个地区使用的语言，跟标准语有差别	dialect
11	例外 lìwài	名	一般的规律、规定以外的情况	exception

12	因素 yīnsù	名	影响事物的原因、条件	factor
13	阴阳 yīnyáng	名	中国古代哲学指贯通宇宙间一切事物的两大对立面	yin and yang, the two opposing principles in nature, the former is feminine and negative, the latter is masculine and positive
14	乾坤 qiánkūn	名	象征天地、男女等	heaven and earth, the universe
15	夫唱妇随 fūchàng-fùsuí		丈夫唱歌妻子跟着唱，比喻夫妻互相配合，行动一致，也指夫妻和睦	a wife sings her husband's tune, domestic harmony, harmony between husband and wife
16	夫贵妻荣 fūguì-qīróng		丈夫地位高，妻子也荣耀	Wife would be honoured if her husband has a leading position.
17	文武 wénwǔ	名	文才和武艺	civil and military
18	优劣 yōuliè	名	好坏	good or bad, superior or inferior
19	贵贱 guìjiàn	名	贵的或便宜的	dear or cheap, valuable or poor
20	成败 chéngbài	名	成功或失败	success or failure
21	得失 déshī	名	得到和失去	gain and loss

趣味练习

1. 填空

(1) 从古到___　　(2) 大材___用

(3) 眼___手低　　(4) 远___闻名

(5) 水深___热　　(6) 有口___心

(7) 声___击西　　(8) 春花___月

(9) 千军___马　　(10) 口是心___

(11) 同甘共___　　(12) 左顾___盼

(13) 南腔___调　　(14) 来龙___脉

(15) 挑___拣瘦　　(16) 头重脚___

(17) 生离___别　　(18) 柳暗花___

(19) 欢天喜___　　(20) 喜新厌___

2. 不查词典，解释下列词语

(1) 男婚女嫁——　　(2) 官民——

(3) 师徒——　　(4) 主次——

3. 请把下列词语翻译成英语或你所熟悉的语言

（1）男女老少　　　　（2）古今中外

4. 想一想

在你们国家的语言中有没有类似汉语这样通过字序来体现尊卑顺序的词语？如有请列举三四个并与汉语词进行对比；如果认为没有，也请简单分析原因。

5. 小组任务

（1）"大小""前后""上下""远近"这样的词都是由两个意义相反的字构成，请在3分钟内写出更多的这样的词语。由老师宣布开始，时间一到，看哪个小组写出的词语最多。

（2）由第一小组的一位同学指定第二小组的任意一位同学解释本组的一个词语：读音正确，得1分；正确解释词义，再得1分；正确说明字序的含义，再得1分。由教师宣布得分，满分为3分。第二小组回答的同学完成后，可指定第三小组的任意一位同学解释本组的一个词语。以此类推。最后看哪组的得分多。

12

颠倒重组

汉语双音节词汇多,
前后两个字常常可以颠倒。
颠倒后,有时意思差不多,
有时完全不一样。
第十二课,让我们看看
双音节词颠倒后都变成了
怎样的新词……

汉语中有许多词的字序前后是可以颠倒的，比如：国王——王国，人家——家人，带领——领带。谁还能举出其他例子？

日本——本日，
女子——子女。

一万——万一，
喜欢——欢喜。

法国——国法，
法语——语法。

上海——海上，
人名——名人，
牛奶——奶牛。

英语也有这种情况，比如：dog——god，"小狗"倒过来成了"上帝"。

dog——god

汉语双音节词多，前后两个字常常可以颠倒，这种情况比英语多得多。而且有些词颠倒后意思差不多，是近义词。比如：代替——替代，士兵——兵士，改悔——悔改，相互——互相，地道——道地，样式——式样，积累——累积，忌妒——妒忌。这是因为前后字的字义相近。

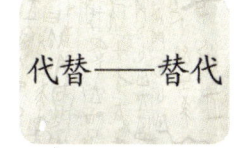

代替——替代：这种药没了，找一种别的药来代替。

事故和故事，也很有意思，一场事故可能就是一个故事。

对。记住，不好的事情发生在自己身上是事故，发生在别人身上是故事。

一些成语也可以颠倒说，比如：背井离乡——离乡背井，天长地久——地久天长。

对。光明正大——正大光明，天翻地覆——翻天覆地，心惊胆战——胆战心惊，等等。成语颠倒，大多数意思不变。

中国人常说"不怕一万，就怕万一"，这种说法很生动。

是啊，人们常常用颠倒词序来取得对比的修辞效果。比如"虚心的人学十当一，骄傲的人学一当十"。谁还能举个例子？

有一天在商店，一个服务员态度不好。我听见一位老人批评她说："说话要客气，不要气客。"客气——气客，很有意思。

这就是颠倒词序的修辞手法。女作家冰心谈到自己读书的经历时，曾用"读书好，读好书，好读书"三句话来概括。也有人批评某些人"死读书，读死书，读书死"。

我们附近的一个学校里有一个大标语，上边写着："一切为了学生，为了一切学生，为了学生一切。"我觉得非常好。

我听中国朋友说过"四川人不怕辣，云南人辣不怕，湖南人怕不辣"，是不是湖南人最能吃辣椒？

是的，湘菜（湖南菜）以辣闻名。

课文 读书好
拓展阅读1 屡败屡战
拓展阅读2 小处不可随便
拓展阅读3 颠倒的汉语词
拓展阅读4 颠倒的英语词
趣味练习　正反话

拓展阅读

屡败屡战

清朝将领曾国藩攻打太平天国，开始时不顺利，他给皇帝的信中写道自己最近"屡战屡败"，他的军师建议把"屡战屡败"改为"屡败屡战"。果然，皇帝看了后不但不生气，还表扬了他的勇气。

小处不可随便

　　于右任是民国时期的大书法家,他发现晚上有人在办公楼外随处小便,就写了一张告示:不可随处小便。没想到告示很快就被人拿走了,原来拿告示的人非常喜欢于右任的书法。但这样的内容不可能挂在客厅展示,怎么办呢?那人非常聪明,把六个字剪成六块,再重新组合,变成"小处不可随便",这就成了很好的格言警句。

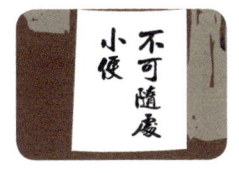

145

颠倒的汉语词

改悔——悔改
死不改悔的赌徒
死不悔改的酒鬼

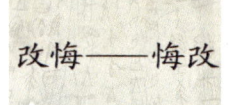

地道——道地
地道的湖南菜
道地的山东菜

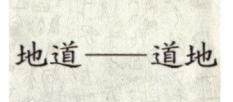

忌妒——妒忌
小明：你妒忌小丽？
小花：我才不妒忌她呢，是小丽忌妒我！

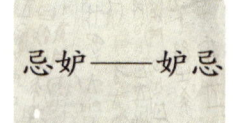

颠倒的英语词

live——evil:"邪恶"的人过着颠倒的"生活"。

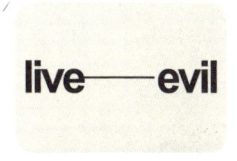

outlook——lookout: outlook是"美景",反过来lookout,要"当心"!

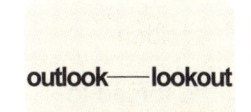

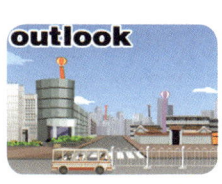

rats——star："老鼠"造反当"明星"。

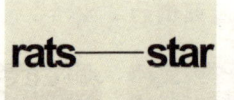

生词注释

1	颠倒 diāndǎo	动	上下、前后等位置相反	reverse, put upside down
2	悔改 huǐgǎi	动	意识到错误并改正	repent and mend one's ways
3	事故 shìgù	名	损失、灾祸等意外情况	accident
4	背井离乡 bèijǐng-líxiāng		被迫离开自己的家乡	be forced to leave one's hometown
5	修辞 xiūcí	动	修饰文字词句，利用多种表现方式，使表达效果准确、生动	rhetoric
6	冰心 Bīngxīn	名	1900—1999，女作家	1900-1999, a Chinese woman writer

7	湘菜 xiāngcài	名	湖南菜，中国八大菜系之一	Hunan Cuisine, one of the Chinese Eight Regional Cuisines
8	曾国藩 Zēng Guófān	名	1811—1872，清朝大臣，军事家、政治家	1811-1872, a minister of Qing Dynasty
9	太平天国 Tàipíng Tiānguó	名	1851—1864，清朝农民起义所建立的政权	1851-1864, a peasant regime established by a Chinese peasant uprising
10	屡 lǚ	副	多次重复	repeatedly
11	于右任 Yú Yòurèn	名	1879—1964，国民政府高官，书法家	1879-1964, an official of Nationalist Government of China
12	随处 suíchù	副	到处	everywhere
13	展示 zhǎnshì	动	明显地表现出来	show, open up before one's eyes
14	组合 zǔhé	动	组织不同的部分使之成为整体	combine, compose
15	格言 géyán	名	含有教育意义，可成为准则的字句	maxim, motto
16	警句 jǐngjù	名	简洁而深刻动人的句子	aphorism, epigram

趣味练习

1. 朗读并体会

吃饭是为了活着,但活着不是为了吃饭。

台上他说,台下说他。

今天工作不努力,明天努力找工作。

前方吃紧,后方紧吃。

用人不疑,疑人不用。

来者不善,善者不来。

便宜无好货,好货不便宜。

是金子都会闪光,但闪光的不一定是金子。

人不可能将金钱带入坟墓,但金钱却可以将人带入坟墓。

酒好喝,好喝酒,喝酒好,喝好酒,酒喝好。

2. 改变下列成语的字序

(1) 半夜三更——三更半夜　(2) 莫测高深——

(3) 大快人心——　　　　　(4) 漆黑一团——

(5) 大名鼎鼎——　　　　　(6) 荣华富贵——

(7) 万水千山——　　　　　(8) 扬扬得意——

(9) 海角天涯——　　　　　(10) 海誓山盟——

3. 正反话

（1）牛奶——_____

（2）我爱小丽——_____

（3）小丽喝牛奶——_____

（4）姐姐打篮球——_____

（5）_____——_____

(6) _____ _____

4. 对联欣赏

报纸上曾经公布了一个上联,"上海自来水来自海上",征求同样的可以回读的下联。

上海自来水来自海上,
黄山落叶松叶落山黄。

上海自来水来自海上,
前门出租车租出门前。

上海自来水来自海上,
南湖飞机场机飞湖南。

上海自来水来自海上,
山西悬空寺空悬西山。

上海自来水来自海上,
中山长生树生长山中。

上海自来水来自海上,
花莲喷水池水喷莲花。

上海自来水来自海上,
山东留情人情留东山。

13

马路很难过

汉语里词和短语有时很难区分:
如果两个字中间不能插入别的字,就是词;
如果能,就是短语,也叫词组。
第十三课,我们讲讲"马路很难过"
的"难过",是词还是短语
……

难

- 杰克，请你用"难过"造一个句子。
- 学校门口汽车多，速度快，马路很难过。  
- 哈哈，真有意思！  
- 大明，你为什么笑？  
- "难过"本来是"难受、伤心"的意思，杰克把词变成短语了。
- 好。今天我们来说说汉语里词和短语的区别。大家注意听，"改进、改好、冰雪、冰箱"，其中哪些是词？哪些是短语？

"改进"是词,"改好"是短语;"冰雪"是短语,"冰箱"是词。

说得对。

看起来都一样,都由两个字组成,怎么区分呢?

如果两个字中间不能插入别的字,就是词;如果能,就是短语,也叫词组。"改进""冰箱"中间不能加字。"改好"中间可以加"不","改不好";"冰雪"中间可以加"和","冰和雪"。

那"吃饭"是词还是短语?

"吃饭"可以是短语,比如"吃完饭""吃了饭";也可以是词,比如"首先要解决十三亿人的吃饭问题"。"东西"也是既可以是词,也可以是短语。谁能造句?

大明昨天在北京路买了很多东西。

我出了地铁就不辨东西。

非常好。杰克的句子里"东西"是词；安娜的句子里"东西"是短语。两处"东西"读音相同吗？

不同。作为词的"东西"，"西"是轻声。

对，凡是要读轻声的都是词，比如"买卖、动静、兄弟、赏钱"，等等。

我再问一个，"羊肉"是词还是短语？

通常是词，比如"他买了三斤羊肉"。也可以作为短语，"羊肉"就是"羊的肉"。

很好。杰克，你区分一下"老虎"和"老人"。

"老虎"不是"老的虎",所以是词;"老人"中间可以加"的","老的人",所以是短语。

好,米歇尔,你区分一下"白菜"和"白布"。

"白菜"不是"白色的菜",所以是词;"白布"可以说"白色的布",所以是短语。

很好。有些组合,比如"矛盾",如果说"矛和盾",就是短语;后来"矛盾"有了引申义,就是词了。

"有钱"也是这种情况吧?

对。你分析一下。

"有钱"本是短语,可以说"有很多钱"。也可以作为词用,比如"很有钱""真有钱""有钱人"。

对。汉语的词和短语有时候很难区分，比如"看见""完成"，本来是短语，可以说"看得见、看不见""完得成、完不成"，但现在也是动词，它们相当于英语的see和finish。汉语很多词原本都来自短语，使用多了，固定了，就成了词，但中间仍然可以插入别的成分。比如"牛奶、鸡蛋、布鞋、打开、关上、提高、降低、开动、书报、姓名、眼红"，等等，这是由汉语字词结构的特点决定的。

课文 马路很难过（含趣味练习：趣味造句）
拓展阅读 词变短语

拓展阅读

词变短语

我们来做一个游戏。每个人说一个动宾式的词,下一个人就在词中插入其他成分,使它变成短语,就这样轮流做下去。我先说,"请假",山田,你加别的成分。

请了三天假。
——"散步"

散了一会儿步。
——"理发"

理完了发。
——"存款"

存了一大笔款。
——"生气"

你生谁的气了?
——"睡觉"

昨天睡了一个大懒觉。
——"跳舞"

我不会跳交际舞。
——"排队"

买什么东西排这么长的队?
——"见面"

见个面,点个头,握个手,鞠个躬。

生词注释

1	辨 biàn	动	分别	differentiate, distinguish
2	动静 dòngjing	名	动作或说话时发出的声音	the sound of sth. astir
3	赏钱 shǎngqian	名	地位高的人给地位低的人作为奖励的钱	money reward, tip

4	布鞋 bùxié	名	棉布做的鞋	cloth shoes
5	降低 jiàngdī	动	下降，由高到低	lower, reduce, drop
6	眼红 yǎnhóng	形	妒忌别人	covetous, envious, jealous

趣味练习

1. 趣味造句

（1）如果：我觉得开水不如果汁好喝！

（2）天才：我三天才洗一次澡。

（3）天真：今天真热啊！我要去游泳。

（4）组合：我们小组合起来有八个人。

（5）吃香：_____

（6）说明：_____

（7）课本：_____

（8）使用：_____

（9）家长：_____

（10）开会：_____

2. 想想下列汉字组合是词还是短语

请求、专心、分心、桌椅、飞鸟、鸵鸟、黄瓜、黄纸

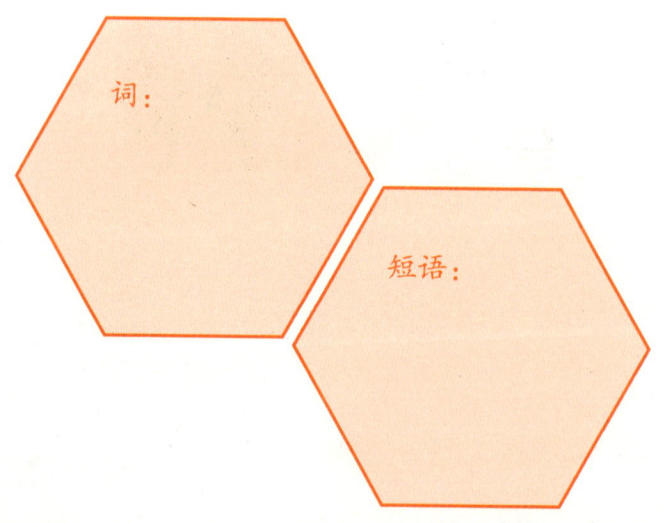

词：

短语：

3. 造句

(1) 大小
　　词：这件衣服大小合适吗?
　　短语：这些苹果，不管大小我都要。

(2) 请客
　　词：＿＿＿＿＿＿＿＿＿＿＿＿＿＿＿
　　短语：＿＿＿＿＿＿＿＿＿＿＿＿＿＿＿

(3) 结婚
　　词：＿＿＿＿＿＿＿＿＿＿＿＿＿＿＿
　　短语：＿＿＿＿＿＿＿＿＿＿＿＿＿＿＿

(4) 散步
　　词：＿＿＿＿＿＿＿＿＿＿＿＿＿＿＿
　　短语：＿＿＿＿＿＿＿＿＿＿＿＿＿＿＿

(5) 伤心
　　词：＿＿＿＿＿＿＿＿＿＿＿＿＿＿＿
　　短语：＿＿＿＿＿＿＿＿＿＿＿＿＿＿＿

(6) 理发
　　词: _____
　　短语: _____

(7) 存款
　　词: _____
　　短语: _____

(8) 买卖
　　词: _____
　　短语: _____

(9) 快递
　　词: _____
　　短语: _____

14 谐音中的文化

中国传统社交习惯中，
喜欢用谐音字来说吉利话，
也利用谐音避开一些
不吉祥的词语或尊长的名字。
第十四课，让我们一起
探寻谐音的奥秘……

中国传统社交习惯中喜欢用谐音字来说吉利话，比如过春节时送亲友一盒年糕作为礼物，同时说一句"祝您年年高升"！广东人过年都喜欢买一盆橘树，因为"橘"谐音"吉"，就说"大吉大利"！又因"8"谐音"发财"的"发"，所以含有8的车牌号码、电话号码、房间号码都大受欢迎。"9"谐音"久"，所以选择1999年9月9日那天结婚的人特别多，他们都希望婚姻"久久不变"。

一对中国夫妇去朋友家做客。

我拿年橘，你拿年糕。

你记得吗，老张家是几号？

168号。幺六八，就是"一路发"，这个号码好记！

欢迎，欢迎！

福到了!

(把年橘送给老张)大吉大利!

(把年糕送给老张)祝您年年高升!

谢谢,谢谢!

传统年画也有很多谐音表现，有的是画喜鹊落在梅树上，这叫"喜鹊登梅""喜上梅（眉）梢"；画三只羊叫"三羊（阳）开泰"，"吉祥"古代也写作"吉羊"，至今人们仍用羊来表示谐音的"吉祥"；在门上画五只蝙蝠，意思是"五蝠（福）临门"；人们还故意把"福"字倒过来贴，意思是"福倒（到）了"。

好画啊！这画的是什么？

我知道这张，这张是"喜鹊登梅"。

梅登鹊喜

那张是"三阳开泰"。

在利用谐音构成吉利语的同时，人们也因为谐音避开一些不吉祥的词语或尊长的名字。

"4"谐音"死"，人们就回避这个数字，有的楼房没有第4层和第14层。

相爱的双方不分吃一个梨，意为"不分梨（离）"。

送礼时忌讳送钟，因为"送钟（终）"是为人办理丧事的意思。

在封建时代，长辈的名字是不能说的，皇帝的名字更不能说，叫作"避讳"。已有的地名、人名等，如果跟皇帝同名，就必须改变。

唐太宗名叫李世民，为了避他的名字，连"观世音菩萨"也改称"观音菩萨"，"民部"则改为"户部"。

秦始皇名政，农历的第一个月叫正月，为了避讳，就改变读音，读作"zhēng月"，沿用至今。

谐音改字在商业广告中应用很普遍。

灭蚊器的广告："默默无蚊（闻）"
热水器的广告："随心所浴（欲）"
卖　鸡的广告："鸡（机）不可失"
眼药水的广告："一明（鸣）惊人"
自行车的广告："骑（其）乐无穷"
电熨斗的广告："百衣（依）百顺"

利用"湘"与"乡、香、相"等字的谐音，湘菜馆创造了很多店名。"老湘楼（老乡楼）、家湘菜（家乡菜）、

169

故湘情（故乡情）、湘满楼（香满楼）、湘约人家（相约人家）"等等，数不胜数。这种换字修辞，趣味盎然。但也可能会产生一些副作用，比如<u>误导</u>汉语水平不高的人，尤其是小学生和外国学生，把广告语当作成语或标准语来使用。

王大明和安娜去湘菜园吃湖南菜，他们走进湘菜园发现里边有很多湘菜馆。

安娜，你看中哪家，我们就吃哪家。

好。

这里有"老湘楼、家湘菜、故湘情、湘满楼、湘土人家、长湘思、湘巴佬、喜湘逢、同湘会、家湘好、一湘情愿、老湘好"，等等。

170

哟，这么多湘菜馆，我们就去"老湘好"吧。

好，就是"老相好"。

谐音换字也常用来表现幽默感。

有些女孩子为了表现自己美好的身材，在寒冷的天气也不肯多穿衣服，人们就开玩笑说她们是"美丽冻（动）人"。

"有礼（理）走遍天下"，讽刺送礼就能办事顺利的不正风气。同样的还有"向钱（前）看、提钱（前）释放、攻官（公关）小姐、检查宴（验）收、前腐（赴）后继"，等等。

网络语言中更充满了谐音别字。

美眉——"妹妹"的谐音,指年轻漂亮的姑娘
你太有柴(才)了——故意换字,取得幽默效果
杯具——"悲剧"的谐音
伊妹儿——email
酷——cool的诙谐音译

更有把数字当作汉字的谐音的情况。

88——谐音"拜拜",即byebye
168——一路发
520——我爱你
1314——一生一世

此外还有同音别解,同样属于谐音的趣味。

白骨精——白领、骨干、精英
月光族——每月把收入花光的一群人

课文1 大吉大利　　　课文2 湘菜馆
拓展阅读 及第和落第

拓展阅读

及第和落第

有一个关于避讳的笑话。古时候有个书生带着仆人到京城赶考。仆人挑着担子，路上一阵风吹来，他的帽子被风吹落在地上，仆人说："哎呀，帽子落地了。"书生听了很不高兴，因为"落地"谐音"落第"，"落第"就是没考上。书生嘱咐仆人说："以后东西落地，要说及地（第）。""及第"就是考上了。仆人小心地戴好帽子，说："相公放心，以后再也不会及地了。"

生词注释

1	谐音 xiéyīn	动	读音相同或相近	homophonic, homonymic
2	吉利 jílì	形	吉祥顺利，好运气	lucky
3	年糕 niángāo	名	过年时吃的一种糕饼	New Year cake
4	喜鹊 xǐquè	名	鸟，嘴尖、尾长，身体大部分是黑色，肩和腹部是白色，民间认为其叫声表示喜事来临	magpie
5	梅 méi	名	落叶乔木，早春开花，花瓣五片	Chinese plum
6	喜上眉梢 xǐshàngméishāo		因为有好消息，所以脸上显出非常高兴的表情	Happiness appears on the eyebrows.
7	三阳开泰 sānyáng-kāitài		过年时祝颂吉祥的话	full happiness and prosperity
8	蝙蝠 biānfú	名	哺乳动物，形状像老鼠，会飞	bat
9	五福临门 wǔfú-línmén		五种幸福来到家里	The five blessings have descended upon the house.

10	忌讳 jìhuì	动	因风俗习惯或个人原因，刻意回避某些行为或言语	avoid as taboo
11	送终 sòngzhōng	动	父母或长辈临死前在身旁照料，也指安排丧事	attend upon a dying parent or other senior member of the family
12	避讳 bìhuì	动	刻意回避使用皇帝或尊者的姓名（以示尊重）	taboo on using the personal names of emperors, one's elder, etc.
13	菩萨 púsà	名	泛指佛和某些神	Bodhisattva, Buddhist idol
14	沿用 yányòng	动	继续使用	continue to use
15	电熨斗 diànyùndǒu	名	用电加热的熨烫衣服的工具	electric iron
16	误导 wùdǎo	动	错误引导	mislead
17	风气 fēngqì	名	社会上流行的爱好或习惯	general mood, atmosphere, current tendencies in society
18	释放 shìfàng	动	恢复被拘押者的人身自由	release, set free

19	前赴后继 qiánfù-hòujì		前面的赶过去，后面的紧跟上	advance wave upon wave
20	杯具 bēijù	名	杯子等饮用器皿	cups
21	诙谐 huīxié	形	幽默的，好笑的	humorous, jocular
22	白骨精 Báigǔjīng	名	小说《西游记》中的一个女妖精	White Bone Demon (in the novel *Journey to the West*)
23	骨干 gǔgàn	名	主干骨，比喻在团体中起重要作用的人物	backbone, mainstay
24	落第 luòdì	动	科举考试没通过	fail in an imperial examination
25	嘱咐 zhǔfù	动	告诉对方记住应该怎样，不应该怎样	enjoin, tell, exhort, charge (a person) with a task, bid
26	及第 jídì	动	科举考试通过了	pass an imperial examination

趣味练习

1. 说明下列谐音别字的含义

（1）提钱（前）释放

（2）攻官（公关）小姐

（3）检查宴（验）收

（4）前腐（赴）后继

（5）据礼（理）力争

（6）多财（才）多艺

（7）孔夫子搬家——尽是书（输）

（8）外甥打灯笼——照舅（旧）

2. 找找成语广告中被换掉的字

（1）饮以为荣（酒）　　　＿＿＿＿＿

（2）换然一新（换肤霜）　＿＿＿＿＿

（3）百礼挑一（礼品店）　＿＿＿＿＿

（4）治在四方（药品）　　＿＿＿＿＿

（5）酒负盛名（酒）　　　＿＿＿＿＿

（6）食全食美（食品店）　＿＿＿＿＿

（7）默默无炎（药品）　　＿＿＿＿＿

（8）有口皆杯（保温杯）　＿＿＿＿＿

（9）一箭如故 （箭牌口香糖） _____

（10）一戴添骄 （手表） _____

3. 想想湘菜馆名称所指的词语

（1）湘味堂 _____

（2）湘土人家 _____

（3）长湘思 _____

（4）湘巴佬 _____

（5）国色天湘 _____

（6）喜湘逢 _____

（7）同湘会 _____

（8）家湘好 _____

（9）一湘情苑 _____

（10）老湘好 _____

15 悉尼还是雪梨

外国人名、地名的大陆、香港、
台湾音译经常不一样，
比如港台说的"雪梨"，
就是大陆所说的澳大利亚的城市"悉尼"。
第十五课，让我们讲讲三地各自的
传统和习惯……

> 周老师，"雪梨"是什么地方？

> "雪梨"就是澳大利亚的城市"悉尼"。

> "雪梨"不是水果的名称吗？

> "雪梨"是港台的译法，是不太好。外国地名、人名的音译，最好带点儿洋味儿，如果把"里根"译作"李根"，"玛丽莲"译作"马丽莲"，就像中国人的名字了。

> 但是台湾的"雷根、柯林顿、欧巴马"等，都选用中国人的姓来翻译。

> 对。这是台湾的习惯，也是以前的传统，比如"林肯、华盛顿、罗斯福、马歇尔、张伯伦"，用的都是中国人的姓名习惯。

音译外国人名、地名，大陆、香港、台湾都不一样，比如曾出任英国首相的John Major，大陆叫"约翰·梅杰"，而香港叫"马卓安"。香港把"好莱坞"叫作"荷里活"，把"切尔西"叫作"车路士"，都相差很远。

对，就像"巧克力"香港叫"朱古力"一样，香港译名受到广东话发音的影响，所以跟普通话差别较大。

外国地名的翻译，大陆和台湾就相差很远，比如"乍得"和"查德"，"新西兰"和"纽西兰"，"汤加"和"东加"，"迪斯尼"和"狄斯奈"，很容易弄错。为什么不统一呢？

三地都有各自的传统和习惯，短期内还很难统一。

汉语中的外来词有的是音译，有的是意译，怎么翻译比较好呢？

好，我们来看看外来词的翻译方法。第一种是纯粹的音译，不考虑汉字的意思，比如"咖啡"（coffee）。谁还能举个例子？

还有"沙发（sofa）、三明治（sandwich）"。

还有"克隆（clone）、海洛因（heroin）"。

对。第二种是意译，也是中国人最喜欢的方法。比如"电话（telephone）、邮票（stamp）、照相机（camera）"等原来都是音译，后来都改为意译了。谁能补充例子？

大众汽车（Volkswagen），vokls的意思是"人民大众"，wagen是"汽车"。

第三种是一半音译，一半意译，或在音译的前后添加表示类别的汉字，比如beer译作"啤酒"，bar译作"酒吧"，这两个"酒"字就是加上去的。谁还能举例？

New Zealand译作"新西兰"，"新"就是意译；台湾叫"纽西兰"，就是音译。还有"因特网"（internet），"网"就是net的意译。

还有"芭蕾舞（ballet）、保龄球（bowling）、沙丁鱼（sardine）"。

我想到"星巴克"（Starbucks），"星"是star的意译，"巴克"是音译。

例子都很好。第四种翻译方法是音意兼顾，选用能暗示原词意义的汉字，比如"基因（gene）、伟哥（viagra）、俱乐部（club）"，等等，还有哪些？

183

还有"香槟（champagne）、维他命（vitamin）、可口可乐（Coca Cola）、黑客（hacker）"。

"可口可乐"音意巧妙结合，是最佳译名之一。还有直接选用汉语已有的词汇，比如刚才说的"雪梨"（Sydney），还有"奔驰"（Benz）。

还有"宝马"（BMW）。

我想起一个，法国的"标致"（Peugeot）汽车。

还有"奔腾"（Pentium）处理器。

对，"雪梨、奔驰、宝马、标致、奔腾"都是汉语已有的词，使用现成的词可以使人感到亲切、生动，但有时又容易发生混淆，要特别谨慎。

ladies译成"累得死",massage译成"马杀鸡"算不算？我觉得都很好玩。

这是正式译名之外的幽默式翻译，的确非常有趣。比如把美国加州首府Sacramento译成"三块馒头"；中国大学生把university译作"由你玩四年"；出租汽车司机学英语时把airport说成"爱我破车"，把Thank you very much说成"三克油喂你妈吃"！

太有意思了，我想搜集更多的例子。

拓展阅读 译名差异

拓展阅读

译名差异

Motorcycle

Motorcycle
大陆：摩托车
台湾：机车
香港：电单车

Message

Message
大陆：短信
台湾：简讯
香港：短讯

Arsenal（英超）

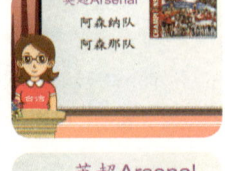

英超 Arsenal
大陆：阿森纳队
台湾：阿森那队
香港：阿仙奴队

Ronald Reagon

Ronald Reagon
- 大陆：里根
- 台湾：雷根
- 香港：列根

Up
（电影）

电影 Up
- 大陆：飞屋环游记
- 台湾：天外奇迹
- 香港：冲天救兵

Matrix
（电影）

电影 Matrix
- 大陆：黑客帝国
- 台湾：駭客任務
- 香港：二十二世紀殺人網路

生词注释

1	悉尼 Xīní	名	澳大利亚第一大城市	Sydney
2	音译 yīnyì	动	按照发音选用相同或近似发音的字词来翻译外文	transliterate
3	好莱坞 Hǎoláiwù	名	美国最著名的电影基地，在洛杉矶附近	Hollywood
4	切尔西 Qiè'ěrxī	名	地名，位于英国伦敦西部	Chelsea
5	乍得 Zhàdé	名	非洲中部的一个国家	Chad
6	新西兰 Xīnxīlán	名	西部跟澳大利亚隔海相望的一个国家，也叫纽西兰	New Zealand
7	汤加 Tāngjiā	名	太平洋西南部的一个岛国	Tonga
8	迪斯尼 Dísīní	名	指美国人华特·迪斯尼创办的大型跨国公司，以主题公园、娱乐节目制作、玩具、图书等为主业	Disney
9	意译 yìyì	动	根据意义翻译	paraphrase
10	纯粹 chúncuì	形	不含别的成分的	pure

11	三明治 sānmíngzhì	名	夹肉面包，也叫三文治	sandwich
12	克隆 kèlóng	动	一模一样的复制	clone
13	海洛因 hǎiluòyīn	名	用吗啡制成，白色晶体，吃了极易上瘾，是一种毒品	heroin
14	兼顾 jiāngù	动	同时照顾几个方面	give consideration to (or take account of) two or more things
15	标致 biāozhì	形	相貌美丽	pretty
16	奔腾 bēnténg	动	跳跃着奔跑	gallop, surge forward
17	混淆 hùnxiáo	动	混杂，使不同的事物界限模糊	obscure, blur, confuse, mix up
18	谨慎 jǐnshèn	形	对外界事物或自己的言行密切注意，以免发生不利的事情	prudent, careful
19	首府 shǒufǔ	名	多指自治区或自治州人民政府所在地	capital city of a province, a prefecture or a dependency

趣味练习

1. 为每种翻译方法补充三个例子

（1）音译：麦当劳（McDonald），_____

（2）意译：网球（tennis），_____

（3）半音半意：新德里（New Delhi），_____

（4）音意兼顾：捷达（Jetta），_____

2. 幽默式译名连线

马杀鸡◆　　　　　　　　◆university 大学

胖得要死◆　　　　　　　◆Esperanto 世界语

由你玩四年◆　　　　　　◆modernization 现代化

爱斯不难读◆　　　　　　◆Alaska 阿拉斯加

妈的奶最香◆　　　　　　◆massage 按摩

阿拉思家◆　　　　　　　◆business 业务，工作

跑累死◆　　　　　　　　◆ponderous 笨重的

害怕扭一耳◆　　　　　　◆meeting room 会议室

迷厅入么◆　　　　　　　◆police 警察

必死你死◆　　　　　　　◆Happy New Year 新年好

3. 电影名称欣赏，想想它们为什么胜过直译？

（1）Waterloo Bridge（直译：滑铁卢桥）：魂断蓝桥

（2）Gone with the Wind（直译：随风而逝、飘）：乱世佳人

（3）Bathing Beauty（直译：洗澡美人）：出水芙蓉

（4）Speed（直译：速度）：生死时速

（5）Thelma and Louis（直译：赛尔玛和路易丝）：末路狂花

（6）The Piano（直译：钢琴）：钢琴别恋

（7）Pretty Woman（直译：漂亮女人）：风月俏佳人

（8）Always（直译：总是）：天长地久

（9）The Net（直译：网）：网络惊魂

（10）The Ring（直译：铃声）：午夜凶铃

趣味练习答案

第一课

1. 选词填空

（1）"女士"跟先生相对。

（2）"古代"跟现代相对。

（3）"安全"跟危险相对。

（4）"干活"跟休息相对。

（5）"轻松"跟紧张相对。

（6）"好"跟坏相对。

（7）"支持"跟反对相对。

（8）"高兴"跟难过相对。

2. 左右连线成字，并把组成的字写在右边

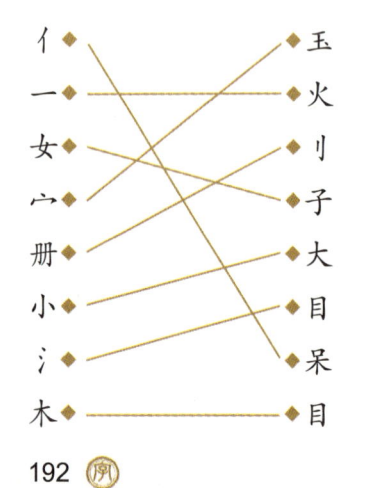

亻 — 玉
一 — 火
女 — 刂
宀 — 子
册 — 大
小 — 目
氵 — 呆
木 — 目

宝 灭 删 好 尖 泪 保 相

3. "美称"连线

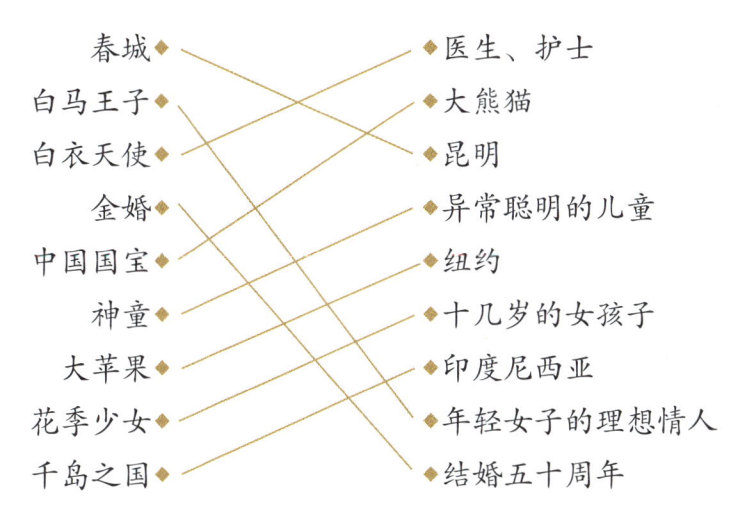

春城	医生、护士
白马王子	大熊猫
白衣天使	昆明
金婚	异常聪明的儿童
中国国宝	纽约
神童	十几岁的女孩子
大苹果	印度尼西亚
花季少女	年轻女子的理想情人
千岛之国	结婚五十周年

4. 猜猜会意字

泪——左边是三点水,右边是"目(眼睛)",眼睛流出的水就是眼泪。

灭——起火了,上边用被子一压,火就灭了。

安——女人到了家里,就安定了、安心了、安全了。

从——前边一个"人",后边一个"人",表示"跟从、听从、服从"。

森——三个"木"表示树很多、很茂密的森林。

第二课

1. "尊称"连线

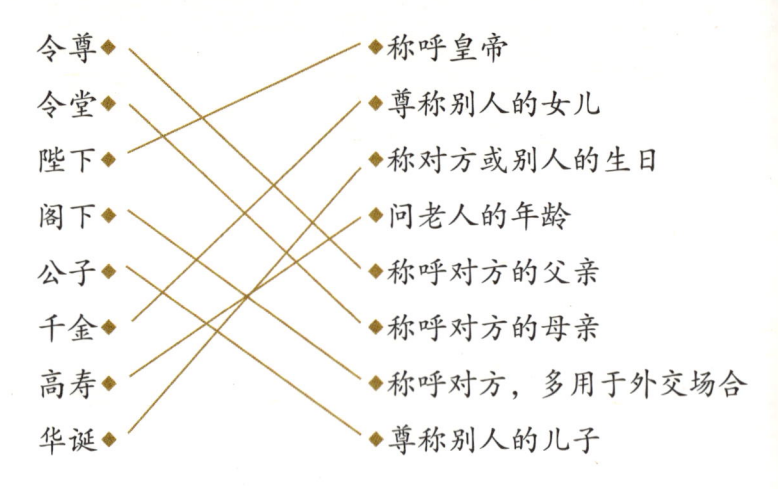

令尊 —— 称呼对方的父亲
令堂 —— 称呼对方的母亲
陛下 —— 称呼皇帝
阁下 —— 称呼对方,多用于外交场合
公子 —— 尊称别人的儿子
千金 —— 尊称别人的女儿
高寿 —— 问老人的年龄
华诞 —— 称对方或别人的生日

2. 略

第三课

1. 左右连线

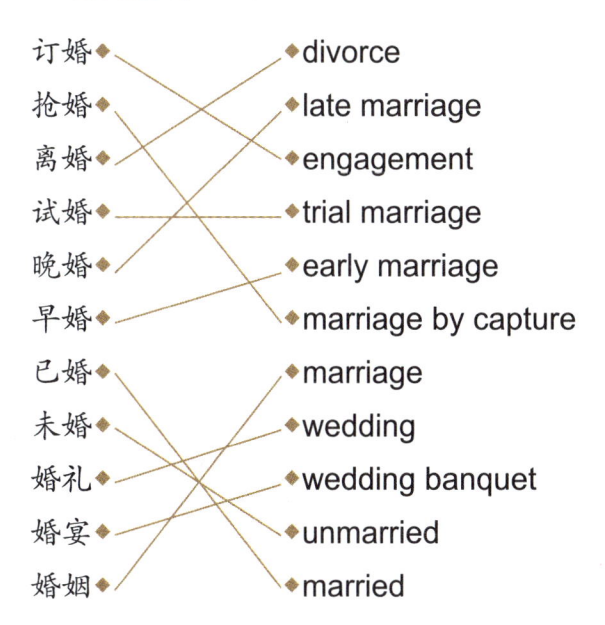

订婚 — engagement
抢婚 — marriage by capture
离婚 — divorce
试婚 — trial marriage
晚婚 — late marriage
早婚 — early marriage
已婚 — married
未婚 — unmarried
婚礼 — wedding
婚宴 — wedding banquet
婚姻 — marriage

2. 分辨会意字和形声字

（1）会意字：相、休、体、酒、泪、采、建、从、明、保、宝、安、武、信、众

（2）形声字：和、晴、述、铜、湖、想、恢、菜、景、球、但、期、级、装、故

第四课

1. 分析下列女旁字中，哪些体现了古代男尊女卑、歧视妇女的现象？

有歧视含义的字：奴、妻、娶、奸、妖、妄、婪、妒

2. 汉字组词

（1）妒：忌妒、妒火、妒忌

（2）娇：娇嗔、娇宠、娇滴滴

（3）妨：妨碍、妨害

（4）妄：妄称、妄动、妄断

（5）婪：贪婪

（6）姑：姑表、姑父、姑姑

（7）妖：妖风、妖怪、妖精

（8）妥：妥当、妥善、妥实

第五课

1. 左右连线猜字谜

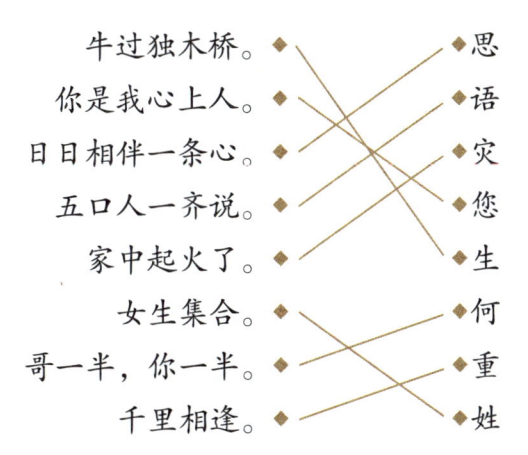

牛过独木桥。 ◆　　　　　◆ 思
你是我心上人。 ◆　　　　　◆ 语
日日相伴一条心。 ◆　　　　◆ 灾
五口人一齐说。 ◆　　　　　◆ 您
家中起火了。 ◆　　　　　　◆ 生
女生集合。 ◆　　　　　　　◆ 何
哥一半，你一半。 ◆　　　　◆ 重
千里相逢。 ◆　　　　　　　◆ 姓

2. 略

第六课

1. 形近字注音组词

（1）活（huó，生活）——话（huà，说话）

（2）风（fēng，旋风）——凤（fèng，凤凰）

（3）名（míng，名字）——各（gè，各种）

（4）会（huì，会意）——全（quán，全面）

（5）斧（fǔ，斧头）——爷（yé，爷爷）

（6）拨（bō，拨冗）——拔（bá，拔牙）

（7）未（wèi，未来）——末（mò，周末）

（8）已（yǐ，已经）——己（jǐ，自己）

（9）庄（zhuāng，庄园）——压（yā，压力）

（10）材（cái，材料）——村（cūn，乡村）

（11）辨（biàn，分辨）——辩（biàn，辩论）

（12）性（xìng，性格）——姓（xìng，姓名）

（13）优（yōu，优秀）——忧（yōu，忧愁）

（14）侯（hóu，侯门）——候（hòu，时候）

（15）燥（zào，燥热）——躁（zào，浮躁）

2. 猜猜下列汉字的意思，试试想出有趣的说明方法

大——这个字像"人双手向两侧伸展"，我们用这种姿势来表示"大"。

天——最大的是什么？是天。在"大"字头上加一横，就表示"天"。

夫——丈夫比天还高。另一种说法是：人被两道绳子捆起来就成了"夫"。两道绳子，妻一道，子一道。

雨——这个字像"雨点打在左右两块窗玻璃上"，甲骨文写作"☷"，一看就知道是下雨的情景。

目——甲骨文写作"▱"，是个象形字，后来演变成了"横眉立目"。

还——借了别人的钱、物要还，但心里想的却是"不"。

第七课

1. 民间合文辨读

（1）只见财来

（2）五谷丰（豐）登

（3）双喜

（4）吉祥如意

（5）学（學）好孔孟

（6）唯吾知足

（7）福禄寿喜

（8）一帆风（風）顺（順）

2. 试试填写下面这首神智体诗

长亭短景无人画，老大横拖瘦竹筇。

回首断云斜日暮，曲江倒蘸侧山峰。

第八课

1. 左右连线猜字谜

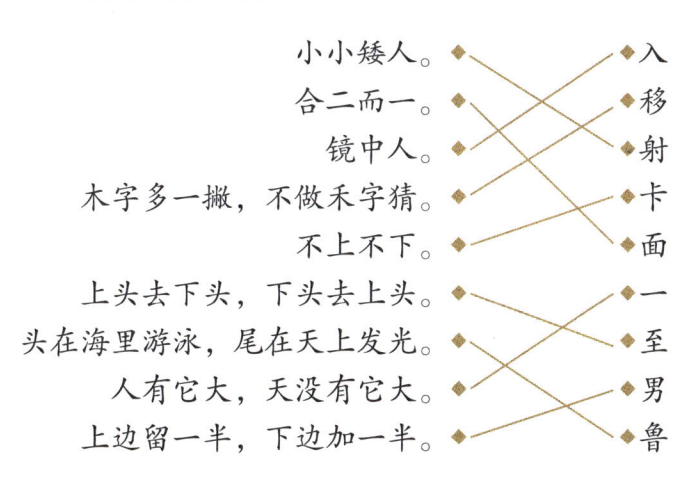

小小矮人。——卡
合二而一。——面
镜中人。——入
木字多一撇，不做禾字猜。——移
不上不下。——一
上头去下头，下头去上头。——至
头在海里游泳，尾在天上发光。——鲁
人有它大，天没有它大。——一
上边留一半，下边加一半。——射

（连线答案依图示）

2. 猜字谜

（1）岸上。　　　　　　　　山
（2）粗细各一半。　　　　　组
（3）国内。　　　　　　　　玉
（4）剪刀丢了。　　　　　　前
（5）一半满，一半空。　　　江
（6）少两点还是字。　　　　学
（7）又在左边，又在右边。　双
（8）有土成地，有女是她。　也
（9）猜错一半。　　　　　　猎

3. 略

201

第九课

1. 填填带"吃"字的词语

（1）依靠别人，自己不工作 ——— 吃现成饭

（2）吃饭不花钱或只吃饭不干事 ——— 吃白饭

（3）被人占了便宜，自己受了损失 ——— 吃亏

（4）靠出租房屋生活 ——— 吃租

（5）不论工作好坏、成就大小报酬一样 ——— 吃大锅饭

（6）被人告到法院 ——— 吃官司

（7）大受欢迎 ——— 吃香

（8）吃了亏不好声张 ——— 吃哑巴亏

（9）调戏妇女 ——— 吃豆腐

（10）受着一方的好处，却为另一方办事 ——— 吃里爬外

2. 查查工具书，解释下列词语

（1）吃苦 ——— 承受痛苦

（2）吃力 ——— 辛苦

（3）吃请——接受邀请去吃饭

（4）吃醋——嫉妒

（5）吃透——理解透彻

（6）口吃——说话不流利的一种言语障碍

（7）小吃——分量少而价格低的菜

（8）吃不消——难以忍受

（9）吃软饭——男人靠女人生存

（10）吃大户——到经济较富裕的单位或个人那里吃喝

3. 归纳下列词语的义项，填入方框

（1）用嘴吃下去：吃奶、吃茶、吃药、吃水果、吃素、吃斋、吃西餐

（2）受，挨，被：吃亏、吃官司、吃批评、吃枪子儿、吃香、吃哑巴亏、吃苦、吃惊

（3）依靠某种手段生活：吃老本、吃空额、吃房租、吃劳保、吃利息、吃大锅饭、吃粉笔灰、吃皇粮

第十课

1. 核心字组词（前、后字各五个）

（1）鞋：皮鞋、布鞋、凉鞋、球鞋、拖鞋；
　　　　鞋底、鞋面、鞋帮、鞋油、鞋盒
（2）刀：小刀、菜刀、水果刀、刺刀、剪刀；
　　　　刀口、刀刃、刀背、刀把儿、刀锋
（3）皮：牛皮、猪皮、毛皮、羊皮、虎皮；
　　　　皮带、皮衣、皮帽、皮箱、皮夹
（4）国：中国、美国、韩国、外国、祖国；
　　　　国家、国际、国王、国力、国旗
（5）心：心动、心底、心愿、心理、心爱；
　　　　爱心、善心、好心、小心、热心

2. 组词填空

	公 -male	母 -female	小 -young	肉 -meat
牛 ox, cattle	公牛 bull	母牛 cow	小牛 calf	牛肉 beef
猪 pig, swine	公猪 boar	母猪 sow	小猪 pig	猪肉 pork
羊 sheep	公羊 ram	母羊 ewe	小羊 lamb	羊肉 mutton
鸡 chicken	公鸡 cock	母鸡 hen	小鸡 chicken	鸡肉 chicken

3. 汉字接龙

明天 —— 天气 —— 气候 —— (候车) —— 车站 —— (站立) —— 立正 —— (正好) —— 好汉 —— 汉语 —— (语法) —— 法律 —— (律师) —— 师生 —— (生命) —— 命运 —— (运动) —— 动作 —— (作家) —— 家人 —— (人口) —— (口语) —— 语言 —— (言词) —— (词语) —— (语文)

第十一课

1. 填空

（1）从古到<u>今</u>　　（2）大材<u>小</u>用

（3）眼<u>高</u>手低　　（4）远<u>近</u>闻名

（5）水深<u>火</u>热　　（6）有口<u>无</u>心

（7）声<u>东</u>击西　　（8）春花<u>秋</u>月

（9）千军<u>万</u>马　　（10）口是心<u>非</u>

（11）同甘共<u>苦</u>　　（12）左顾<u>右</u>盼

（13）南腔<u>北</u>调　　（14）来龙<u>去</u>脉

（15）挑<u>肥</u>拣瘦　　（16）头重脚<u>轻</u>

（17）生离<u>死</u>别　　（18）柳暗花<u>明</u>

（19）欢天喜<u>地</u>　　（20）喜新厌<u>旧</u>

2. 不查词典，解释下列词语

（1）男婚女嫁——<u>男人结婚，女人出嫁</u>

（2）官民————<u>当官的和老百姓</u>

（3）师徒————<u>师父和徒弟</u>

（4）主次————<u>主要的和次要的</u>

3. 请把下列词语翻译成英语或你所熟悉的语言

（1）男女老少：men and women, old and young

（2）古今中外：ancient and modern, Chinese and foreign

4、5. 略

第十二课

1. 略

2. 改变下列成语的字序

（1）半夜三更——三更半夜
（2）莫测高深——高深莫测
（3）大快人心——人心大快
（4）漆黑一团——一团漆黑
（5）大名鼎鼎——鼎鼎大名
（6）荣华富贵——富贵荣华
（7）万水千山——千山万水
（8）扬扬得意——得意扬扬
（9）海角天涯——天涯海角
（10）海誓山盟——山盟海誓

3. 正反话

（1）牛奶——奶牛
（2）我爱小丽——小丽爱我
（3）小丽喝牛奶——奶牛喝小丽
（4）姐姐打篮球——球篮打姐姐
（5）我请你吃好菜、喝好酒——酒好喝、菜好吃，你请我
（6）你骑马上山——山上马骑你

4. 略

第十三课

1. 趣味造句

（1）如果：我觉得开水不如果汁好喝！
（2）天才：我三天才洗一次澡。
（3）天真：今天真热啊！我要去游泳。
（4）组合：我们小组合起来有八个人。
（5）吃香：姐姐爱吃香蕉。
（6）说明：他说明天去爬山。
（7）课本：今天下午的课本来是不用上的。
（8）使用：中国大使用英语做了说明。
（9）家长：他从小在姑姑家长大。
（10）开会：电梯门如果打不开会怎么样？

2. 想想下列汉字组合是词还是短语

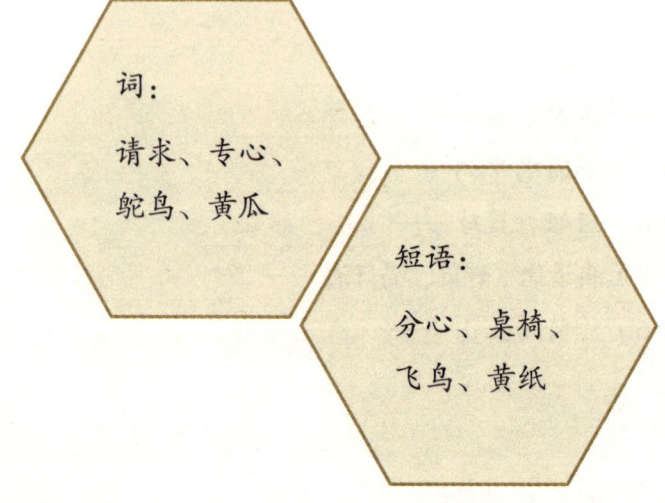

词：

请求、专心、
鸵鸟、黄瓜

短语：

分心、桌椅、
飞鸟、黄纸

3. 造句

(1) 大小
  词：这件衣服大小合适吗？
  短语：这些苹果，不管大小我都要。
(2) 请客
  词：今天我请客看电影。
  短语：他请客，我做客。
(3) 结婚
  词：结婚是人生一件大事。
  短语：他结过婚。
(4) 散步
  词：吃完饭，我们去散步，好不好？
  短语：我们散了一会儿步，就回来了。
(5) 伤心
  词：这是一件令人伤心的事。
  短语：她觉得伤透了心。
(6) 理发
  词：那边新开了一个理发店。
  短语：我们去理个发吧。
(7) 存款
  词：我的存款不多。
  短语：我想先存一笔款。
(8) 买卖
  词：他叔叔很会做买卖。
  短语：买卖双方都要诚信。
(9) 快递
  词：我刚才取了一件快递。
  短语：你怎么还拿在手里？快递给我！

第十四课

1. 略

2. 找找成语广告中被换掉的字

(1) 饮以为荣（酒） 引以为荣

(2) 换然一新（换肤霜） 焕然一新

(3) 百礼挑一（礼品店） 百里挑一

(4) 治在四方（药品） 志在四方

(5) 酒负盛名（酒） 久负盛名

(6) 食全食美（食品店） 十全十美

(7) 默默无炎（药品） 默默无言

(8) 有口皆杯（保温杯） 有口皆碑

(9) 一箭如故（箭牌口香糖） 一见如故

(10) 一戴添骄（手表） 一代天骄

3. 想想湘菜馆名称所指的词语

（1）湘味堂　　　香味堂

（2）湘土人家　　乡土人家

（3）长湘思　　　长相思

（4）湘巴佬　　　乡巴佬

（5）国色天湘　　国色天香

（6）喜湘逢　　　喜相逢

（7）同湘会　　　同乡会

（8）家湘好　　　家乡好

（9）一湘情苑　　一厢情愿

（10）老湘好　　　老相好/老乡好

第十五课

1. 略

2. 幽默式译名连线

马杀鸡	massage 按摩
胖得要死	ponderous 笨重的
由你玩四年	university 大学
爱斯不难读	Esperanto 世界语
妈的奶最香	modernization 现代化
阿拉思家	Alaska 阿拉斯加
跑累死	police 警察
害怕扭一耳	Happy New Year 新年好
迷厅入么	meeting room 会议室
必死你死	business 业务，工作

3. 略

总词汇表

生词	拼音	词性	课号
白骨精	Báigǔjīng	名	14
柏树	bǎishù	名	10
褒义	bāoyì	名	11
报酬	bàochou	名	9
报恩	bào'ēn	动	6
杯具	bēijù	名	14
背井离乡	bèijǐng-líxiāng		12
奔腾	bēnténg	动	15
匕首	bǐshǒu	名	6
避讳	bìhuì	动	14
蝙蝠	biānfú	名	14
贬义	biǎnyì	名	11
辨	biàn	动	13
标致	biāozhì	形	15
冰心	Bīngxīn	名	12
帛衣	bóyī	名	5
部落	bùluò	名	3

布鞋	bùxié	名	13
察言观色	cháyán-guānsè		5
称量	chēngliáng	动	6
成败	chéngbài	名	11
吃闭门羹	chī bìméngēng		9
吃独食	chī dúshí		9
吃官司	chī guānsi		9
吃后悔药	chī hòuhuǐyào		9
吃皇粮	chī huángliáng		9
吃黄牌	chī huángpái		9
吃回扣	chī huíkòu		9
吃货	chīhuò	名	9
吃劳保	chī láobǎo		9
吃老本	chī lǎoběn		9
吃里爬外	chīlǐ-páwài		9
吃派饭	chī pàifàn		9
吃枪子儿	chī qiāngzǐr		9
吃水	chīshuǐ	动	9
吃闲饭	chī xiánfàn		9

吃一堑，长一智	chī yī qiàn, zhǎng yī zhì		9
吃斋	chīzhāi	动	9
揣	chuāi	动	6
穿	chuān	动	2
纯粹	chúncuì	形	15
雌雄	cíxióng	名	11
从	cóng	动	1
打猎	dǎliè	动	3
大惊失色	dàjīng-shīsè		5
得失	déshī	名	11
迪斯尼	Dísīní	名	15
颠倒	diāndǎo	动	12
典型	diǎnxíng	形	1
电熨斗	diànyùndǒu	名	14
跌	diē	动	6
洞房	dòngfáng	名	3
动静	dòngjing	名	13
兜	dōu	动	9
多子多福	duōzǐ-duōfú		1

鳄鱼	èyú		名	10
发号施令	fāhào-shīlìng			2
方言	fāngyán		名	11
防盗门	fángdàomén		名	10
风气	fēngqì		名	14
枫树	fēngshù		名	10
凤凰	fènghuáng		名	10
夫唱妇随	fūchàng-fùsuí			11
夫贵妻荣	fūguì-qīróng			11
概念	gàiniàn		名	10
格言	géyán		名	12
骨干	gǔgàn		名	14
规律	guīlǜ		名	11
贵贱	guìjiàn		名	11
海洛因	hǎiluòyīn		名	15
汉奸	hànjiān		名	4
好莱坞	Hǎoláiwù		名	15
和谐	héxié		形	5
画框	huàkuàng		名	6

槐树	huáishù	名	10
诙谐	huīxié	形	14
悔改	huǐgǎi	动	12
会意	huìyì	名	1
婚宴	hūnyàn	名	3
混淆	hùnxiáo	动	15
及第	jídì	动	14
嫉妒	jídù	动	4
吉利	jílì	形	14
脊梁骨	jǐlianggǔ	名	8
记功	jìgōng	动	3
忌讳	jìhuì	动	14
甲骨文	jiǎgǔwén	名	1
兼顾	jiāngù	动	15
降低	jiàngdī	动	13
结巴	jiēba	动	9
谨慎	jǐnshèn	形	15
警句	jǐngjù	名	12
鞠躬	jūgōng	动	5

217

君臣	jūnchén	名	11
克隆	kèlóng	动	15
恐龙	kǒnglóng	名	10
枯	kū	形	5
鲤鱼	lǐyú	名	10
厉害	lìhai	形	8
例外	lìwài	名	11
猎物	lièwù	名	3
柳树	liǔshù	名	10
驴	lǘ	名	10
屡	lǚ	副	12
落第	luòdì	动	14
梅	méi	名	14
美称	měichēng	名	1
谜底	mídǐ	名	8
男尊女卑	nánzūn-nǚbēi		11
年糕	niángāo	名	14
奴隶	núlì	名	4
判定	pàndìng	动	2

批阅	pīyuè	动	2
扁舟	piānzhōu	名	7
嫖	piáo	动	4
菩萨	púsà	名	14
歧视	qíshì	动	4
起义	qǐyì	动	5
气度不凡	qìdù-bùfán		5
前赴后继	qiánfù-hòujì		14
乾坤	qiánkūn	名	11
乾隆	Qiánlóng	名	5
抢婚	qiǎnghūn	名	3
切尔西	Qiè'ěrxī	名	15
情绪	qíngxù	名	4
日进斗金	rìjìndǒujīn		7
三明治	sānmíngzhì	名	15
三文鱼	sānwényú	名	10
三阳开泰	sānyáng-kāitài		14
丧事	sāngshì	名	5
桑树	sāngshù	名	10

扫帚	sàozhou	名	4
赏钱	shǎngqian	名	13
上吊	shàngdiào	动	5
涉水	shèshuǐ	动	2
神智体	shénzhìtǐ	名	7
生存	shēngcún	动	1
生育	shēngyù	动	1
绳子	shéngzi	名	2
施恩	shī'ēn	动	6
诗经	Shījīng	名	3
释放	shìfàng	动	14
事故	shìgù	名	12
士昏礼	Shì Hūnlǐ	名	3
世界博览会	shìjiè bólǎnhuì	名	7
首府	shǒufǔ	名	15
兽行	shòuxíng	名	4
竖	shù	名	8
双胞胎	shuāngbāotāi	名	6
顺序	shùnxù	名	11

思维	sīwéi	动	10
送终	sòngzhōng	动	14
搜集	sōují	动	8
随处	suíchù	副	12
太平天国	Tàipíng Tiānguó	名	12
汤加	Tāngjiā	名	15
提倡	tíchàng	动	5
天子	tiānzǐ	名	5
调戏	tiáoxì	动	9
吞咽	tūnyàn	动	6
鸵鸟	tuóniǎo	名	10
王安石	Wáng Ānshí	名	8
王吉甫	Wáng Jífǔ	名	8
维持	wéichí	动	1
文武	wénwǔ	名	11
五福临门	wǔfú-línmén		14
误导	wùdǎo	动	14
悉尼	Xīní	名	15
喜鹊	xǐquè	名	14

喜上眉梢	xǐshàngméishāo		14
湘菜	xiāngcài	名	12
想入非非	xiǎngrùfēifēi		6
橡树	xiàngshù	名	10
谐音	xiéyīn	动	14
新郎	xīnláng	名	3
新娘	xīnniáng	名	3
新西兰	Xīnxīlán	名	15
形声字	xíngshēngzì	名	2
形象	xíngxiàng	形	2
修辞	xiūcí	动	12
沿用	yányòng	动	14
眼红	yǎnhóng	形	13
宴尔新昏	yàn'ěr-xīnhūn		3
疑惑	yíhuò	动	5
意符	yìfú	名	1
意译	yìyì	动	15
因素	yīnsù	名	11
阴阳	yīnyáng	名	11

音译	yīnyì	动	15
引申	yǐnshēn	动	2
婴儿	yīng'ér	名	1
樱花	yīnghuā	名	10
佣金	yòngjīn	名	9
优劣	yōuliè	名	11
游猎	yóuliè	动	6
酉	yǒu	名	5
鱼刺	yúcì	名	10
鱼鳞	yúlín	名	10
榆树	yúshù	名	10
于右任	Yú Yòurèn	名	12
猿猴	yuánhóu	名	6
远古	yuǎngǔ	名	1
怨恨	yuànhèn	名	4
咋	zǎ	代	6
曾国藩	Zēng Guófān	名	12
乍得	Zhàdé	名	15
展示	zhǎnshì	动	12

战利品	zhànlìpǐn	名	3
长幼	zhǎngyòu	名	11
招财进宝	zhāocái-jìnbǎo		7
者	zhě	助	1
正餐	zhèngcān	名	9
至尊者	zhìzūnzhě	名	5
竹简	zhújiǎn	名	2
嘱咐	zhǔfù	动	14
组合	zǔhé	动	12
祖孙	zǔsūn	名	11
尊称	zūnchēng	名	2